自分を変える一番大事な習慣力

とにかく早起き

Rise Early, Change Your Life

高田 晃

Hikaru Takada

はじめに

あなたは「もっと自分を変えたい」「理想のライフスタイルを手に入れたい」と思ったことはありませんか？　しかし、仕事が忙しく、家庭のことも手一杯で、「本当は変わりたいのに」と思っているけれどぜんぜん余裕がない――そんな日々を過ごしていないでしょうか。

私自身、かつては「あれもやりたい、これもやりたい」と考えつつも、やるべきことに追われて、自分の大切な夢や目標を後回しにする生活を送ってきました。

ところが、ある習慣を身につけたことで、人生が大きく好転したのです。それが「早起き」でした。

早起きができるようになってから、私は自分の「やりたいこと」を着実に形にしていけるようになったのです。

そこで本書では、早起きのメリットや、実際に私がどのように早起きを続けているのか、具体的なノウハウを惜しみなく紹介しています。


早起きと聞くと、「自分は夜型だから無理」「三日坊主で終わってしまいそう」と思うかもしれません。

しかし、早起きは特別な才能が必要なわけではありません。

むしろ本書を通じて強調したいのは、**早起きこそが「やりたいこと」を実現するための一番手っ取り早い手段**だということです。


実際、世の中には朝型の生活を送ることで成功をつかんだ数多くの人物がいますし、私自身も朝4時起き生活を続ける中で得た「余白の時間」によって、会社経営や執筆活動をこなしながら、趣味のサーフィンや家族との時間を存分に楽しめるようになりました。

本書の構成

本書ではまず、なぜ早起きが「人生を変える力」をもたらすのか、その効用を第1章・第2章でお伝えします。

朝の限られた時間を有効活用するためにはどうすればいいか、具体的なルーティンやスケジュールの立て方、食事・睡眠の調整方法まで、あらゆる角度からアプローチしています。「どうしても朝起きるのが苦手」という方にもきっと役立つヒントがあるはずです。

さらに第3章では、「モーニングルーティン」と呼ばれる朝の行動習慣について掘り下げます。

朝の30分や1時間をどう設計すれば1日の質を最大限に高められるのか、そして「夢活」として自分の将来像に向けた取り組みをどうセットすればいいのか、具体的なステップに沿って解説しています。

また、「週末ルーティン」を活用して1週間単位でPDCAサイクルを回す方法も紹介しているので、より長期的な成長を目指す方にはこちらもぜひ試していただきたい内容です。


とはいえ、早起きが軌道に乗らないときは誰しもあるもの。

そこで第4章では、「早起きが続かない原因」を洗いだし、再スタートするためのコツや、途中で離脱してしまったときの心得などをまとめました。

朝が苦手な人にとってはもちろん、ある程度慣れてきた人でも、トラブルや忙しさ、飲み会などの外部要因で習慣が崩れてしまうことは珍しくありません。

そんなときの「早起き生活に戻る方法」を知っておけば、無理なく、かつ長期的に早起きを続けられるでしょう。


そして第5章では、早起き生活をさらに豊かにする工夫に焦点を当てます。

朝の時間に「2つ以上の行動をセットにする」テクニックや、サードプレイスの活用、年末年始ならではの時間の使い方など、より「自分らしい朝」をデザインするためのアイディアを盛り込んだつもりです。クリエイティブな仕事を午前中に集中させるメリットや、読書習慣のつくり方など、どれも忙しい現代人が「自分の時間」を守るうえで役立つはずです。

＊　＊　＊

繰り返しになりますが、早起きの習慣は特別な人しかできないわけではありません。

ほんの少しの意識改革と具体的なノウハウがあれば、どんな人でも「やりたいことをやりきる朝型ライフ」を手にできます。

早起きができれば、理想とする自分に変わる、夢を実現できる！　そのことをお約束したいと思います。だからこそ、本書のタイトルは『自分を変える一番大事な習慣力』になっているのです。

本書を通じて、早起き習慣のすばらしさや、朝の時間がもたらす可能性に気づいていただければ幸いです。

ぜひ一緒に、1日のスタートを自分の力でコントロールし、理想のライフスタイルを築き上げていきましょう！

高田　晃

とにかく早起き

自分を変える一番大事な習慣力

もくじ

はじめに 3

第1章

朝4時起きで人生が変わった

1 やりたいことはすべてやる！ その秘訣は「早朝」にあり 16
2 朝4時起きで実現した快適生活 21
3 規則正しい朝のルーティンが、最高のパフォーマンスを生みだす 29
4 あなたが眠っている間に、成功者は1日を始めている 35
5 早起きの習慣化に悪戦苦闘した日々 38
6 10年続けてわかった、早起きの最大のメリット 43
7 早起き生活から離脱して気づいたこと 48
8 早起きの習慣が人生に革命をもたらす 52
Column 結局、睡眠時間はどのくらいがベストか？ 55

第2章

これであなたも早起きできる！

1 早起きに必須の2つのこと 58
2 早朝は「夢活」の時間にする 62
3 早起きして複業（副業）を始めよう 67
4 モーニングルーティンをつくる 71
5 1日のスケジュールをパターン化する 74
6 食事の時間を規則正しくする 82
7 短時間の昼寝を取り入れる 87
8 フォーカスするべきは就寝時間 90
9 一番手っ取り早いのは、早起きの仲間をもつこと 93
10 まずは週末から始めよう 97
Column 早起きを支えるお気に入りアイテム 102

第3章 自分を変えるモーニングルーティン

1 朝1時間のモーニングルーティン 106
2 朝30分で1日をデザインする 109
3 1日をデザインする3ステップ 115
4 「夢活」のルーティンを決める 123
5 自分を変える「週末ルーティン」 129
Column 早く眠りにつくための「ナイトルーティン」 137

第4章

早起きが続かないときの対処法

1 早起きから離脱しても、また戻ってくれば問題ない 142
2 早起きを習慣にするための「割り切り」 144
3 早起きを妨害するものを遠ざける 148
4 自分の頑張りを「見える化」する 151
5 早起きを続けるための「お酒」との付き合い方 154
6 ふだん朝4時起きなら、寝坊してもまだ6時 161
7 早起きできない日があっても気にしない 163
Column 飲み会の「二次会」をきっぱり断るヒント 168

第5章

貴重な朝の時間をフル活用する

1 2つ以上の行動をセットにする 172
2 朝の身支度を効率化する 175
3 朝専用のサードプレイスをもつ 177
4 午前中はクリエイティブな仕事にあてる 180
5 早朝ほど「読書」に適した時間はない 184
6 年末年始の朝時間の使い方 187
Column 10歳の息子が「早起き習慣」で獲得したもの 192
おわりに ～早起きを習慣化して、人生の主導権を握る 194

第1章

朝4時起きで人生が変わった

1

やりたいことはすべてやる！その秘訣は「早朝」にあり

◆理想を追い続けてたどり着いたシンプルな習慣

あなたは理想の生活を手に入れたいと思いませんか？
おそらく、この問いに「NO」と答える人はほとんどいないでしょう。
もちろん、私もそのひとりです。

振り返ってみると、私はずっと「自分の中の理想」を実現しようと、日々さまざまな努力を重ねてきました。しかし、残念ながら「努力がすぐに報われるほど世の中は簡単ではない」と痛感し、なかなか理想に近づけなかったのです。
ところが、ある習慣を身につけることで、私の人生は大きく変わっていきま

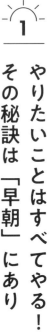

した。その習慣こそが、早起きです！

「早起きはいい」という話は、至るところで耳にするありきたりなアドバイスのように思われるかもしれません。私自身も当初はその重要性をわかっていながら、実践するのに苦労しました。

しかし今では、早起きが私の生活にすっかり根づいたおかげで、**「やりたいことをすべて実現する」ための近道である**と断言できます。

ここからは、本書が提唱する早起きの効用についてお話ししつつ、私の自己紹介を簡単にさせていただきます。

◆早起きは、夢に近づく強力な手段

現在、私は2社の法人代表として会社経営を行うかたわら、ライフコーチや大学の講師としても活動しています。さらに、毎年1冊ほどのビジネス書を出版するなど、ビジネスパーソンとして多岐にわたる顔をもっています。

一方のプライベートでは、20年以上続けているサーフィンのため、毎週1～2回は都内から千葉県の外房へ通う生活を続けており、年に数回は大会にも出場するほど本格的に打ち込んでいます。

また、3人の子供を育てる父親として、平日でも習い事の送り迎えをするなど、家庭のことにもそれなりに協力しているパパだと自負しています。

さらに、自分がサッカー経験者だったことから、小学生の長男がサッカーを始めたのをきっかけに、少年サッカーのコーチやチームの副代表として運営に携わっています。

中学生の長女は部活動でバレーボールをしており、週末は試合や練習などの行事が重なりがちです。

たとえば、ある週末の1日を例にとると、朝から昼までは長女のバレーボールの試合を観戦し、昼からは長男のサッカー大会にコーチとして帯同。夕方からは次男のサッカーの練習試合を引率し、夜はコーチ仲間との反省会と称した飲み会……というように、週末の予定は常にぎっしり。

こうした日々を送っているためか、周囲からは「高田さんは2人いるんじゃないの？」と冗談交じりに言われることもあります。

しかし、私の生き方の指針は「やりたいことはすべてやる！」です。そして、このライフスタイルを確立できた最大の要因は、間違いなく「早起き」にあると断言できるのです。

◆言い訳を捨てれば、夢に一歩近づく

私自身、今のライフスタイルを「理想に近い形で実現できている」と感じて

いますが、あらためて振り返ると、**すべては「朝早く起きる」という習慣に起因しているを**と痛感しています。実際、この原稿を書いているのも朝6時です。

世の中には「忙しくてできない」「時間がなくて無理」と言い訳し、自分が本当にやりたいことを簡単に諦めてしまう人が少なくありません。しかし**早起きという習慣を取り入れるだけで、あっという間に自分のための貴重な時間を確保し、夢の実現へ着実に近づいていく**ことができるのです。

この事実を、本書を通じてより多くの方に知っていただきたいと思っています。

2 朝4時起きで実現した快適生活

◆起床から朝食までのルーティン

私の1日は、**朝4時の起床**から始まります。

目覚めたらそのまま布団から出る前に10分ほどかけて軽いストレッチを行い、体をほぐします。その際には、スマホでSNSをチェックすることが多いです。

その後、歯を磨きながらざっと新聞に目を通し、スマホでニュース動画を流しっ放しにしながら洗顔や着替えなどの身支度を済ませます。

そして、4時30分には自宅の書斎で愛用の本革製システム手帳を開き、**「手帳タイム」**と呼ぶ1日の計画作りに取りかかります。ここからは、すでに仕事モードです。
この「手帳タイム」では、主に次の3点に15分ほどかけるようにしています。

✓前日の振り返り
✓「今週の目標」の進捗確認
✓今日1日の計画立て（スケジューリングとタスク確認）

その後、いくつかのモーニングルーティンに取り組み、6時からは原稿執筆、あるいは新たなセミナーや新刊の企画立案など、クリエイティブな仕事に着手します。

8時ごろになると子供たちが登校で玄関がにぎやかになり、彼らを見送ってからが私の朝食タイムです。

朝食は、シンプルな「納豆ごはん+味噌汁+前日の残り物」が基本で、準備から食事まで20分以内に済ませることができます（趣味であるサーフィンのパフォーマンスに影響するため、特にタンパク質をしっかり摂取することを意識しています）。

朝食後は、すぐに仕事に戻ります。

私の経営する会社は、コロナ禍以前から在宅ワークを基本としているため、通勤時間がありません。そのため、大半の仕事を自宅の書斎でこなすライフスタイルを送っています。

かつてサラリーマン時代は、毎日のように混雑率200%を超す満員電車に乗り、通勤だけで疲れ果てるような生活をしていましたが、今となっては懐かしい思い出です。

◆9時から午前中のルーティン

話を戻しましょう。私の場合、頭がさえていて集中力が持続しやすい早朝から昼食までの時間帯は、執筆や企画立案、資料作成などクリエイティブな仕事にあてることを基本としています。

一方、昼食をとってからの午後は、眠気と疲労感が増し、集中力も落ちることから、商談やミーティングなど、人とコミュニケーションを伴う時間にしています。

午前中にオンラインでマンツーマンのコーチングを行うこともありますが、よほどのことがない限り実施する時間帯は決まって午後です。

つまり、**ひとりで行う集中力を要する仕事は午前、人とのやり取りが必要な仕事は午後**というシンプルなルールです。

これが自分自身の行動特性を考慮したうえでたどり着いた「自分のパフォーマンスを最大化させる時間割」であり、1日を快適に過ごすための私なりの型になっているのです。

◆午後から就寝までのルーティン

前述の通り、午後は商談やミーティングなどを行うことが多いですが、基本的には**午前中で自分のやるべき重要な仕事（コア業務）はほぼ終わっている状態**を目指します。

したがって、午後に特段予定が入っていない場合は、その日の仕事はもう終わりにすることもあります。

とはいえ、朝4時台から活動しているため、仮に昼あがりにしたとしても多くの人の1日分相当以上はきちんと仕事している計算になります。

仕事が長引いても、**夕方17時ごろには仕事を終えることを心がけ、それ以降はプライベートの時間**です。

私は少年サッカーのコーチもやっていますので、夕方からの平日練習に参加するときもあれば、トレーニングジムに行くこともありますし、ふらっと飲みに行ってしまうこともあります（外が明るいうちにビールを楽しむ瞬間は、私にとって至福のひとときです）。

その後は、20時までに夕食と風呂を済ませ、20時半には寝室でゴロゴロしながら読書をして、おおよそ21時には自然と眠くなって就寝といった流れです。翌朝4時に起きても、**おおむね7時間はしっかり睡眠時間をとれている**ことになります。

以上が、私の典型的な1日の流れです。

一見すると自由気ままな生活のように感じるかもしれませんが、本当にその通りと言えそうです（笑）。

私自身このライフスタイルを非常に気に入っていますが、その理想を確立できた最も大きな要因は、ズバリ早起きにあるのです。

早起きなくして、今のライフスタイルは実現できないと言い切ることができます。

筆者の主な１日の過ごし方

午前４時	起床して１日を始める
午前	主にクリエイティブな仕事
午後	会議とコミュニケーション
午後５時	仕事の終わり
午後６～８時	夕食と風呂
午後９時	就寝

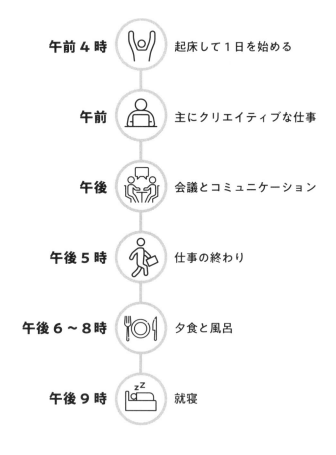

3
規則正しい朝のルーティンが、最高のパフォーマンスを生みだす

◆早朝から始まる1日のルーティン

一般の会社員は、決まった始業・就業時間に縛られ、日々のスケジュールが固定されがちです。

近年は在宅ワークが普及してきたとはいえ、旧来の「時間に縛られる働き方」は依然として主流といえるでしょう。

一方、私のような経営者や個人事業主、フリーランスの場合はプロジェクトが遅延することがなく、かつ周囲の関係者に迷惑をかけることさえなければ、仕事をする時間を自由に選ぶことが可能です。

この自由さは、一見「やりたいことだけをしている」ように見えますが、実は独自のルールに則った「規則正しいルーティン」があるからこそ成り立っています。

たとえば、小説家である村上春樹氏の執筆スタイルは、小説家の自由なイメージを覆すほどにストイックかつ規則的です。

同氏は、長編小説を執筆している期間の場合、毎朝4時に起き、すぐにパソコンの前に座って原稿を書き始め、4～5時間ひたすら執筆に没頭します。執筆する分量は、きっちり原稿用紙10枚分と決めているようで、なかなか筆が進まないときでも必ず書き切り、逆にもっと書けそうなときでもピタッとやめるそうです。

25年以上フルマラソンに出場し続けていたことでもよく知られる同氏は、執筆を終わらせたあとは必ず1時間程度の運動（主にランニングか水泳）をしてから昼食をとり、午後は本を読んだり、音楽を聴いたり、レコードを買いに行ったり、料理をしたりと自由に過ごします。

そして21時ごろには就寝し、翌日の仕事に備える。これが村上氏の典型的な1日のルーティンです。

長編小説を書いている半年ほどの時期は、このような生活を一切休みもとらず、毎日判で押したかのように機械的に繰り返すそうです。

彼はこうした生活スタイルのことを、「まるで工場のよう」「書くためには、守るべき自分自身の規律を確立する必要がある」と語っており、この徹底したルーティンこそが、彼のクリエイティブなパフォーマンスを支えているといえそうです。

◆朝の活動は自分でコントロールできる

村上氏のように1日全体を自分の好きなように過ごせる人は、さほど多くないかもしれません。

しかし、朝の時間をどのように使うかは、時間の融通が利きやすい経営者や個人事業主だけでなく、就業時間が決まっている会社員であっても同じように考えることができるはずです。

特に、起床時間を何時にするかは、たとえ会社勤めの人であっても、それぞれ異なるでしょう。

ぎりぎりまで寝て慌ただしく朝食もとらずに出勤する人もいれば、早起きして読書やエクササイズ、健康的な朝食で1日をスタートする人もいます。

朝の過ごし方をどのようにデザインするのかは自由であり、その人次第です。

1日24時間を俯瞰してみたときに、「起床時間を何時にするか?」「朝の時間で何に取り組むか?」という2点は、1日の質に直結するといっても過言ではありません。

ここで言う「1日の質」とは、つまるところ「自分自身のパフォーマンス」

です。

あなたのパフォーマンスを最大化させるための朝は、いったいどのような朝でしょうか？

【ワーク】自分にとっての「理想の朝」を考えよう

（例）
朝〇時に起きて、瞑想からスタートする
ランニングしてから朝風呂にゆっくりつかる

時間をとって
じっくり考えよう！

4 あなたが眠っている間に、成功者は１日を始めている

◆多くのリーダーはみんな朝型

成功を収めた歴史上の人物や経営者の多くは、朝型の生活を実践しています。

たとえば、歴代の天下武将であった織田信長、豊臣秀吉、徳川家康らもみんな早起きだったそうです。

信長は4時に起きて、馬で片道4キロメートルのコースを毎日往復することが毎朝のルーティンだったといわれています。

その信長の世話をするため、秀吉は3時には起床。家康は早朝に仏前で礼拝をしていたそうで、徳川家では2代目以降も早起きだったそうです。

ビジネスパーソンでは、日本マクドナルドホールディングスやベネッセホールディングスの社長を歴任した原田泳幸氏、カレーハウスCoCo壱番屋の創業者である宗次徳二氏などが早起きで有名です。

また、ユニクロ（ファーストリテイリング）の柳井正会長兼社長は、著書『成功は一日で捨て去れ』のなかで毎日7時には出社していることを明かしています。

さらに、実業家で政治家でもあり、フォーブス誌の「世界の億万長者たち500人」にもランクインした日本有数の大富豪のひとり、糸山英太郎氏は朝4時に起きていると自身の生活習慣を自著に記しています（糸山英太郎『金儲け哲学』）。

海外でも、元アップルCEOの故スティーブ・ジョブズ氏や、現アップルCEOのティム・クック氏、元スターバックスCEOのハワード・シュルツ氏など、早起きを習慣としている成功者をあげるときりがありません。

このように、私たちは想像以上に多くの成功者が早朝から活動しているという事実をまず知らなければいけません。

◆朝は「睡眠時間」ではなく「活動時間」

世間がぐっすりと眠っている間に、ある人は自分の夢を叶えるためにコツコツと努力し、ある人はすでに目標を達成し、また新しい理想に向かって走り始めている。彼らにとって**早朝は「睡眠時間」ではなく「活動時間」**なのです。

ぐうたらな人が「あと30分眠らせて……」と寝返りしている間に、彼らは10歩20歩、いや100歩以上も先に進んでしまっているといえるでしょう。

5

早起きの習慣化に悪戦苦闘した日々

◆もともとは夜遅くまで働く生活だった

ここまで、朝型生活や早起きの効用について偉そうに語ってきましたが、実は私自身、かつては早起きを習慣化できずに苦戦していました。

大学を卒業後、新卒で入社した会社は「超」がつくほど急成長期だったインターネット広告業界で、入社当初から会社のスピード感に追いつくのが精一杯。本当に目の回るような毎日を送っていたのです。

朝は8時台から仕事を始め、終電で帰るのが当たり前。

夜22時にオフィスを出ようとすると「今日は早いね、お疲れ！」などと言われる有様でした。

会社に寝泊まりする人や、終電を逃して会社近くの漫画喫茶で仮眠をとる人、タクシーで帰って着替えだけ済ませてまた出社する人もいるなど、今の感覚でいうと劣悪な環境下での社会人生活のスタートだったため、私は「夜遅くまで働く生活」に疑問をもつことがなかったのです。

◆早起きへの憧れと挫折する日々

しかし、そのような環境で働いていたからこそ、逆に「早起きをする生活」に対する憧れも抱いていました。

実際、先にあげたように、成功者や歴史上の人物、経営者の多くが例外なく早起きだと知っていたことも影響していました。

「残業ゼロで定時に帰る」というのは難しくても、ある程度の時間で仕事を切り上げ、しっかり睡眠をとり、朝早く起きて活動を開始するような健全な生活に何度も切り替えようと試みました。

とはいえ、「明日から5時に起きよう!」と心に決めた翌日に、さっそく寝坊……ということは日常茶飯事。

二度寝どころか五度寝、六度寝を重ね、結局いつも通りの時間に慌てて起床し、出社するという繰り返しでした。

カーテンを開けて寝たり、目覚まし時計を布団から離れた場所に置いたり、早起きに関する本を何冊も読んではさまざまな方法を試しましたが、習慣化までには至りません。

「低血圧だと朝に弱い」という話を聞いたことがあるかもしれません。血圧が低いと血液が脳へ届きにくくなり、脳が酸素不足になることで目覚めが悪くなるといわれています。

私も「きっと自分は極度の低血圧だ」と決めつけ、早起きできない原因を血圧のせいにしていた時期もありました。でも実際には、血圧はごく普通だった、なんてこともあります。

◆「何時に起きてもツラい」で目が覚めた

そんな私も今では朝4時起きが当たり前になっていますが、その裏には、ある本に書かれていたひと言が大きく影響しています。

それは**「何時に起きても、起きるときはツラい」**というもの。

「早起きには特別な秘策がある」と思い込み、なかなか踏み出せなかった私にとって、この言葉はまさに目から鱗が落ちるような気づきでした。

実際、新しい習慣というものは、思い込みさえ捨てれば意外とあっさり身につくのかもしれません。

なお、私自身の試行錯誤に加え、コーチングや講座で関わった受講生の成果を踏まえた「早起きを習慣化する具体策」については、第2章で詳しく紹介したいと思います。

6 10年続けてわかった、早起きの最大のメリット

◆善循環のスパイラルが回りだす

私にとって「朝4時起き」は、ライフスタイルの土台そのものです。

10年以上もこの生活を続けてきたからこそ見えてきた「早起きのメリット」がありますが、それはよく言われる「朝は頭がさえていてアイディア発想や勉強に適している」とか「早朝は誰にも邪魔されないので業務効率がいい」といった話ではありません。

確かにそれらも事実ですが、もっと本質的で根本的な恩恵がひとつだけあり

ます。それは、「生活の質が高まる」ということ、つまり**「善循環のスパイラルが回り始める」**という点です。

早起きの生活になると、これまで時間に追われて確保できなかった「誰にも邪魔されない自分だけの時間」をもてるようになります。

すると、自然に「考える時間」が増えていきます。

現代の忙しい社会では、ひとりきりになってじっくり物事を考えたり、思考を整理したりする時間を確保するのが難しいのが現実だと思います。

しかし、**早起きすることによって、その貴重な「考える時間」が簡単に生まれる**のです。

「考える時間」が増えると、自分自身の課題ややるべきことの優先順位を明確にできるため、自然と**「主導権をもった行動」**ができるようになります。

やらなければならないことや緊急案件に振り回される生活ではなく、自分から主体的に動くことができるようになるのです。

◆早起きが生む「考える時間」と「主体性」

自分から主体的に動くことができるようになれば、仕事もスムーズにこなせるようになり、成果も上がっていきます。

そうなると、きちんと定時で仕事を終えられる体質へと変わっていきます。

仕事に割く時間が長引かず、無駄がなくなる分、プライベートの時間を犠牲にすることもなく、むしろ充実させられるようになります。

こうした流れの中で、**仕事もプライベートも含め、あらゆる面において主体性を発揮できるようになり、結果として自分自身の「生活リズム」が整っていきます。**

そして、生活リズムが整うことで、また早起きを続けられる――この善循環のスパイラルが回りだすのです。

このスパイラルに乗っている人とそうでない人では、生活の質に明らかな差が生まれます。

これこそが、早起きの唯一にして最大の恩恵だと断言できます。

善循環のスパイラル

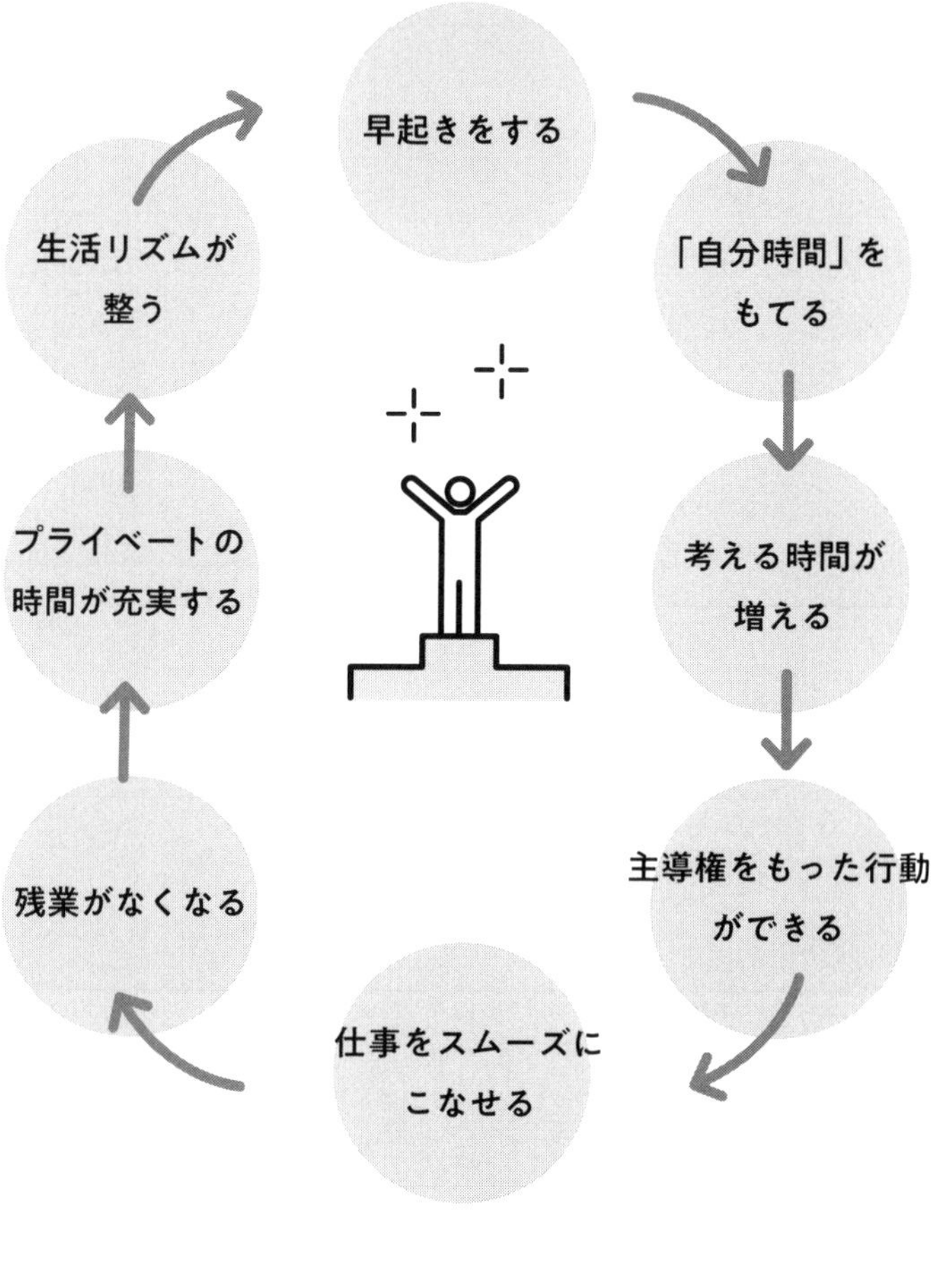
早起きをする
「自分時間」をもてる
考える時間が増える
主導権をもった行動ができる
仕事をスムーズにこなせる
残業がなくなる
プライベートの時間が充実する
生活リズムが整う

7

早起き生活から離脱して気づいたこと

◆達成感が招く「早起き崩れ」

ここまで早起きのメリットについて説明してきましたが、実をいうと私も、早起きができなくなってしまう時期が何度かありました。いずれも一時的なものではありますが、その経験からこそ得られる気づきや痛感したことがありますので、ここで少し触れておきたいと思います。

私の場合、大きなプロジェクトを3カ月から半年ほどかけて完遂したあとの達成感からか、心のどこかで緊張の糸が切れて、生活リズムが乱れて早起きができなくなることがあります。夜はYouTubeやNetflixを目的もなく観続けたり、深酒をしたりして限界まで起きてしまい、結果的に翌朝の早起きに失敗してしまうのです。

このようなときはだいたい朝8時近くになって起床するという感じですが、それでも9時にはきちんと仕事を開始しているので、一見すると普通の状態ともいえます。

やらなければいけない仕事も抜かりなくこなしてはいるので、大きな問題があるわけではありません。

それでも、もともと早起き生活を習慣としていたからこそ感じる違和感がそこにはありました。

◆早起きをしないと「振り回される」生活に

その違和感とは、日々の生活が、**次々と降ってくる「やらなければいけないこと」をとにかくこなすだけの毎日となり、受動的な生活スタイルにならざるを得ない**ことからくるものでした。悪く言えば、「振り回されている」感覚です。

もしかすると、これはふだんから7時台や8時台に起きる生活の人では気づかない違和感かもしれません。けれど、朝4時台から活動していたころと比べると、自分が時間の主導権を握っているかどうか――つまり「受動的」か「主体的」かという点で明らかな差が生じていると痛感します。

つまり早起き生活のときは、**自分が時間の使い方に主導権を握れており、仕事のこなし方も主体的でいられる**ということです。

「振り回される側」なのか「主導権を握っている側」なのか、受動的なのか主体的なのか。

当然ですが、それらは仕事のパフォーマンスにも大きく影響します。

もちろん、後者の状態のほうが成果を出しやすいのは言うまでもありません。

こうして、たまに早起き生活から離脱するからこそ、その大切さを改めて思い知らされるわけです。そして「よし、もう一度生活リズムを整えよう」と気を引き締め、善循環へ戻っていけるのです。

8

早起きの習慣が人生に革命をもたらす

私は、これまでの自身の経験に加え、コーチングや講座で多くの方を指導してきた経験から、早起きが人生に革命をもたらすと確信しています。なぜなら、早起きを習慣とするだけで「自分のやりたいこと」に、驚くほど簡単に取り組めるようになるからです。

実際、先に紹介してきたように、私自身は早起き生活のおかげで理想のライフスタイルを手に入れ、やりたいことにはすべて全力投球で取り組めているため、毎日が充実し続けています。

ところが多くの人は、「時間がなくてできない」「忙しくて無理」などと言って、あっさりと諦めてしまうのが現状です。

一方、早起きをしている人は、新しく何かを始めようとする際も、「朝の時間が使える」という発想で積極的に取り組みます。つまり、**早起きが習慣となっている限り、やりたいことを次々と実現するための〝挑戦〟をし続けることができる**のです。

とはいえ、もともと夜型生活の人にとっては、よほどの必要性がない限り朝型に切り替えるのは至難の業だと思います。

そこで、次の章からは早起きを習慣にするための具体的な方法を順を追ってご紹介したいと思います。

第**1**章
まとめ

- 手に入れた理想のライフスタイルは、すべて「早起き」に起因している。

- 早起きの習慣によって、自分のための貴重な時間を確保し、夢の実現に確実に近づいていく。

- 21時に就寝し、朝4時に目覚める。睡眠時間はおおむね7時間。

- 多くの成功者はみんな早起き。

- 早起きによって生活の質が高まり、善循環のスパイラルが回り始める。考える時間と主体性をもった生活が手に入り、仕事の生産性が高まっていく。

- 早起きができないと、次々と降ってくる「やらなければいけないこと」に振り回され、受動的な生活スタイルにならざるを得ない。

- 早起きが習慣になり、朝の時間が使えれば、積極的に新しい挑戦をすることができるようになる。

Column

結局、睡眠時間はどのくらいがベストか？

最適な睡眠時間はどれぐらいなのでしょうか？

さまざまな専門的知見や学術的なデータ、そして睡眠学の観点からすると、成人の適正な睡眠時間はおおむね7時間前後とされています。

厚生労働省も『健康づくりのための睡眠ガイド』の中で、複数の調査研究から7時間前後の睡眠時間の人が、生活習慣病やうつ病の発症および死亡に至る危険性が最も低く、これより長い睡眠、短い睡眠のいずれもこれらの危険性を増加させることから、成人においておおよそ6～8時間が適正睡眠時間になる、といった考えを示しています。

一方で、遺伝的に短眠で済むという「ショートスリーパー」の人も存在したりとかなり個人差があるのも事実です。6時間未満で充足する人がいる一方で、8時間以上必要とする人もいることから、「自分なりのベストを探してみましょう」というのが結論といえそうです。

私の場合は、6時間の睡眠だと日中かなりの眠気に襲われ、5時間以下だと朝から極端に頭が働きづらいことから、最低でも7時間の睡眠が必要なことがわかっています。そのため、7時間の睡眠時間を削ることはよほどでない限りはしません。

必要な睡眠時間が7時間で、起床時間は4時ですから、おのずと夜21時までには寝なければいけないことになります。

さて、あなたにとってベストな睡眠時間は何時間でしょうか?

第2章

これであなたも早起きできる！

1 早起きに必須の2つのこと

◆早起きの習慣化に成功する人、挫折する人

早起きを習慣化しようと決心しても、三日坊主で終わってしまう人も少なくありません。

では、早起きに成功する人と挫折する人の違いは、どこにあるのでしょうか。

「朝型人間」と「夜型人間」を左右する遺伝子があるという説もありますが、私の考えでは、その最大の違いは、**「なぜ早起きするのか」という目的意識**にあると思っています。

そのため私は、習慣化をテーマにしたコーチングの際に、必ず「目的設定」

を行うことから始めます。

このとき、朝早く起きたことで得られる時間を、自分の夢の実現に活用できると考えたり、「ひとり時間」というボーナスタイムを大きなごほうびだと感じたりする人は、容易に早起きを習慣化していきます。

さらに、毎日少しずつ成長していくことを実感し、達成感を味わうことによって、「もっと早起きを続けたい！」という意欲と情熱が高まる善循環に入っていくのです。

一方で、早起きをしても特にメリットを感じられない人は、なかなか習慣として定着させることができません。

◆ワクワクを感じられることが不可欠

そもそも早起きは、**とても地味な「ひとり仕事」**です。

何度か挑戦しただけで人生が一変するような「魔法」ではありませんし、失敗しても大きなダメージがあるわけではないので、「まあ、いいか」と挫折しやすいのも事実です。

だからこそ、**早朝の時間を使って具体的に何を実現したいのか、その目的をはっきりともつ必要があります。そして、その目的は自分をワクワクさせるものでなければならないのです。**

たとえば、子供のころに遠足や修学旅行を控えた夜、ドキドキして眠れなくても朝は早くに起きられた経験を思いだしてみてください。これこそが、早起きを習慣化する最大の秘訣です。

ワクワクできる明確な目的が必須

早起きを促すワクワク
するような目的をもつ
なぜ早起きをするのか
具体的な目的をもつ

つまり、毎日をドキドキやワクワク感で満たしている人は、自然と早く起きられるようになるのです。

「楽しみだから寝ていられない」。この状態をつくることとさえできたら、早起きの習慣化は成功したも同然です。

明確な目的があり、しかもその目的が自然とワクワクさせるものである。

この2つの要件さえ満たせば、早起きはいとも簡単に実現できるのです。

2

早朝は「夢活」の時間にする

明確な目的があり、しかもそれが自分をワクワクさせるものであれば、人は自然と早起きできるようになる――先ほど述べたこのポイントを実現するためには、具体的にどうすればいいのでしょうか。

私自身、朝4時起きを10数年以上続け、多くの方が早起きを習慣にできるようコーチングやアドバイスをしてきました。その経験からいえる結論は、**「早朝を〝夢活〟の時間にする」**ということです。

ここでいう夢活とは、文字通り**夢をかなえるための活動**を指します。

◆早朝は「誰にも邪魔されない」からこそ有効

よく「朝の時間は集中力が高く、業務効率もいい」と言われますが、実は何時に起きるかはさほど重要ではありません。

もっと大切なのは、**朝の集中しやすい時間帯に「自分にとって本当に大切なこと」に取り組むこと。**

つまり、あなたの夢や理想の未来を形にするための「夢活」にこそ、この時間を使うべきなのです。

私たちは、毎日とにかく多忙です。次々と降りかかる「やらなければいけないこと」に追われる毎日と言っても過言ではありません。

ところが、そのように受動的に日々をこなしているだけでは、自分の理想に近づくのは難しいのが現実です。

そこで活用したいのが早朝です。**唯一残された「夢をかなえるための時間」**

は早朝しかないと言っても、言い過ぎではないでしょう。

まだ世間が動き出す前の朝なら、誰にも邪魔されず、自分の意志だけで時間を使えます。

しかも、夢の実現につながる活動であれば、自然とワクワクしながら早起きに挑めるため、習慣化するうえでも理想的な時間の使い方です。

エネルギー満タンの早朝にコツコツと夢活に励むことで、ぜひ自らの手で自らの未来をつくりあげていきましょう。

◆「やりたいことリスト」でワクワク感を明確にする

「そもそも自分にはピンとくる夢や目標がない」という方は、まず**理想の未来像をはっきりさせる**ところから始めましょう。やり方は簡単で、「やりたい」と思うことを大小問わず紙にどんどん書きだしていきます。

やりたいことリストの例

- 自分の会社をつくって起業したい
- 本を執筆して出版したい
- マイカーを所有したい
- パソコンをブラインドタッチで使えるようになりたい
- サーフィンの大会で優勝したい
- １週間以上の海外サーフトリップに行きたい
- 自分専用の書斎のある家に住みたい
- 大きめの水槽で熱帯魚を飼いたい
- 大学の講師になりたい
- セミナー講師として人前で話せるようになりたい
- 子供と海に行き、夏を満喫したい
- 人脈をたくさんつくりたい（1000 人以上とつながりをもつ）

上記は、私が大学生だったころ（約20年前）の「やりたいことリスト」の一部です。

大きな夢から小さな希望までさまざまですが、ポイントは**「実現できるかどうか」を気にせず、とにかく思いつく限り書きだすこと**にあります。

【ワーク】ワクワク感を明確にするために「やりたいことリスト」を考えよう

時間をとって
じっくり考えよう！

3 早起きして複業（副業）を始めよう

早起きして何に取り組むかは人それぞれですが、私は夢活の一環として、朝の時間を使って自分のビジネスを構築することを強くおすすめしています。つまり、もしあなたが会社員や主婦だとしても、「複業（副業）を始めましょう」ということです。

その理由は、**会社の給料以外の収入源を確保することで、精神的な安定とやりがいを同時に手に入れられる**からにほかなりません。

◆ストレスと早起きの深い関係

多くの人がなかなか早起きできない原因は、実はストレスにあると私は考えています。

仕事や人間関係におけるストレスを抱えているときは、「できるだけベッドにいたい」「会社に行くのが憂鬱」という思いから、ギリギリまで現実逃避したい気持ちが生まれるものです。

私自身、サラリーマン生活をしていたころのほうが朝を苦手に感じていましたが、その根底には**慢性的なストレス**がありました。

ところが、独立を目標に掲げ、複業に精を出すようになった途端、不思議と早起きが苦にならなくなったのです。

◆「複業」が生むワクワク感と安心感

自分でビジネスを構築する場合、その報酬は「すべて自分自身が受け取る」という事実が大きなモチベーションとなります。

この活動自体がドキドキやワクワクを生み、早起きがまったく苦痛でなくなったという私の経験が、複業をすすめる理由のひとつです。

さらに、複業で収入を得られるようになれば、会社の給料だけに依存する必要がなくなるため、「もしリストラされたらどうしよう……」といった不安から解放されます。

「いつ会社を辞めることになっても大丈夫」という安心感があるおかげで、嫌な上司や顧客がいたとしてもストレスを抱え続けるリスクを減らせるわけです。

その結果、毎日の生き方や働き方がより前向きになり、よりいっそう早起きしやすい体質へと変わっていきます。

要するに、**ストレスの少ない生活を送るために「自分でビジネスを構築する」**——これが、私が早朝の時間を活用して複業することをすすめる最大の理由です。

複業がワクワク感と安心感、そして早起きもたらす

早朝の時間で
複業をする
給料以外の
収入源をつくる
将来の不安や
日々のストレスを
回避できるようになる
早起きが
苦痛ではなくなる
早起き生活が
習慣になる

4 モーニングルーティンをつくる

◆ルーティン行動で迷いをなくす

多くの方が「早起きをしてみよう」「朝の時間を有意義に使おう」と考えたとき、真っ先にイメージしやすいのが「モーニングルーティン」です。最近ではSNSや書籍などでもよく見かける言葉ですが、そもそもどんなものなのでしょうか。

モーニングルーティンとは、朝の時間を効果的に使い、1日のスタートをポジティブに切るために、**毎朝決まって行う行動習慣のこと**です。

多くの成功者やアスリート、自己啓発の専門家がこのモーニングルーティンを重視しており、日々の生産性や心の健康、さらには幸福感の向上に役立つとされています。

また、朝起きたときに「今日は何をしようか」と迷わなくて済むため、**早起きそのものを定着させる**という観点からも非常に効果的です。

起床後のバタバタした時間に「何をやるか」を考えるのは意外にストレスになりますが、ルーティンが決まっていれば行動に余裕が生まれます。

◆将来の夢から逆算する〝戦略的〟朝時間の使い方

一般的に「ルーティン」というと、一度決めたら変えないイメージがあるかもしれません。けれども私は、将来のありたい姿（＝夢）を見据えながら、モーニングルーティンの内容を戦略的に変えていくべきだと考えています。なぜなら、**毎朝コツコツと続ける行動そのものが、「こうなりたい」という夢の実現に**

向けた種まきになるからです。

朝活としてよくあげられるのはウォーキングやランニング、読書などですが、必ずしもそれらをモーニングルーティンに取り入れる必要はありません。

大切なのは、**あなたが将来どうなりたいかによって、どんな活動を朝の時間にあてるべきかが変わる**ということです。

ただ、ここで強調したいのは、「早朝に取り組むことをルーティン化する」こと自体が、早起きを習慣化するうえでとても重要だという点です。

何をするか迷わずに済む朝時間を確保し、それを自分の夢や目標に直結する習慣に変えていく――この意識があなたの1日、そして未来をより充実したものへ導いてくれるはずです。

どのようなルーティンを取り入れると効果的かは、第3章で詳しく解説します。

5

1日のスケジュールをパターン化する

前章で述べたモーニングルーティンと同じ発想になりますが、私は1日のスケジュールもパターン化（ルーティン化）することをおすすめしています。

もちろん、日々の予定やToDoは変動するので、完全にパターン通りにはいかないかもしれません。

しかし、あらかじめ**理想的な1日の流れ**を頭の中に描いておくことで、できる限りその形に近づけてスケジュールを組み立て、行動することが可能になります。

これを実行すると、無駄な時間を減らして集中力を高めたり、ストレスを軽減したりと、日常の効率が飛躍的に向上するのです。具体的なメリットは次の6つです。

◆1日を「パターン化」するメリット

1．意思決定疲労の軽減

私たちは1日の中で数多くの選択をしていますが、選択や判断には大きなエネルギーが必要です。スケジュールをある程度パターン化しておくと、日々の行動をルーティン化できるため、いちいち決める必要がなくなり、エネルギーを温存できます。その分、より重要な判断や問題解決に自分のリソースを回せるようになります。

2．時間の無駄を減らす

スケジュールが固定化されると「何をすべきか」が明確になり、迷うことなく行動できます。たとえば、朝の時間帯を「運動→朝食→読書」のように決めておけば、後回しにせずスムーズに取りかかれるため、無駄な時間を減らし1日の充実度を上げることにつながります。

3．ストレスの軽減

スケジュールがある程度予測可能だと、「次に何をすればいいのか」という迷いが減ります。特に多忙な人やタスク量が多い人にとって、行動があらかじめ決まっているだけで心の負担が軽くなり、気持ちにゆとりが生まれます。

4．目標達成に向けた集中力の強化

パターン化されたスケジュールは、毎日少しずつ目標に向けて前進しやすい仕組みをつくります。たとえば、朝にストレッチや30分の読書をルーティン化することで、継続的な習慣を形成し、小さな積み重ねを大きな成果へとつなげることができます。

5．疲労の管理がしやすい

ある程度リズムが決まった生活を送っていると、体調の変化や疲労度合いが把握しやすくなり、「明日は睡眠を多めにとろう」など、予防的なケアがしや

すくなります。さらに、毎晩決まった時間に寝ることで良質な睡眠を確保しやすくなり、翌日の集中力やパフォーマンスも高められます。

6．習慣化の効果

一定の行動を同じ時間帯に続けていると、それ自体が自然な習慣へと変わっていきます。たとえば「朝起きたら読書」「夜はストレッチしてから就寝」と定めると、意識しなくても実行する流れができあがり、早起きの習慣形成にも好影響を与えます。これにより、継続が難しいと感じることでも習慣化しやすくなり、結果として早起きの習慣形成にもつながります。

◆理想のパターンを「見える化」して意識する

私の場合は、自己管理の手段として使っているシステム手帳に少し工夫を加え、理想のパターンを日々意識できるようにしています。たとえば、1日の予定を書き込むデイリーリフィル（1日計画表）を自作し、スケジュール欄の横に「理想の時間の使い方」をあらかじめ印刷しておくのです。

もちろん、現実には毎日きっちり計画通りに動けるわけではありませんが、**「理想のスケジュール」を常に頭に置いておくことで、予定を立てる際の基準ができ、迷いや無駄を最小限に抑えることができます。**

当然ですが、どのような1日の流れでパターン化するべきかは人それぞれで異なります。

1日を快適に過ごせる自分に合ったリズムを探してみましょう。

自作のデイリーリフィル（1日の計画表）の例

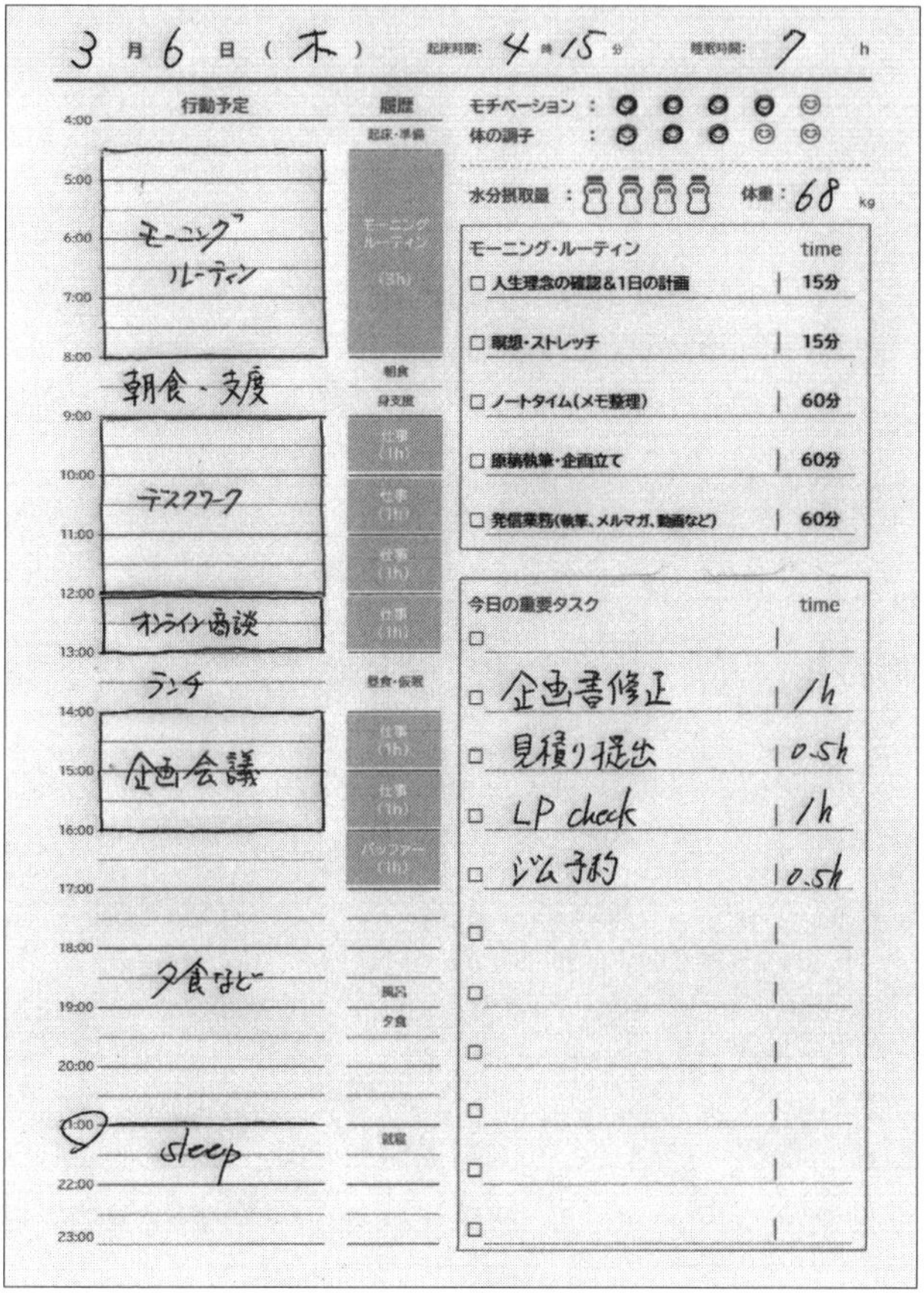

【ワーク】理想の１日をデザインする
自分にとっての「理想の１日」を描こう

ON の日

time	理想	現実
4:00		
5:00		
6:00		
7:00		
8:00		
9:00		
10:00		
11:00		
12:00		
13:00		
14:00		
15:00		
16:00		
17:00		
18:00		
19:00		
20:00		
21:00		
22:00		
23:00		
24:00		
1:00		
2:00		
3:00		

OFF の日

time	理想	現実
4:00		
5:00		
6:00		
7:00		
8:00		
9:00		
10:00		
11:00		
12:00		
13:00		
14:00		
15:00		
16:00		
17:00		
18:00		
19:00		
20:00		
21:00		
22:00		
23:00		
24:00		
1:00		
2:00		
3:00		

6

食事の時間を規則正しくする

◆体内時計は約25時間

人間の体内時計は約25時間のリズムで動いていることが、最新の科学で明らかになっています。しかし私たちは、地球の24時間サイクルに合わせて生活しなければならないため、ある2つの「外部からの刺激」が、体内時計を1時間分短縮させて調整する役割を担っています。

1つめは「朝の太陽光」です。病院においても、朝日を浴びられる病棟の患者は回復が早いというデータがあるそうですが、**朝の太陽光を浴びることが体にとってよい影響を及ぼす**のは確かなようです。

そして2つめが「食事のリズム」です。医学博士の遠藤拓郎氏によれば、毎日一定の時間に食事をとることで体内時計が24時間にリセットされやすくなるとのこと。

また、朝食をとることで体内時計の同調が促進されるという研究もあり、**「規則正しく食事をとる」「朝食を欠かさない」**の2点は非常に重要なポイントになってきます。

◆体内時計を整えると、ホルモンバランスがよくなる

体内時計が24時間サイクルにしっかり調整されると、ホルモンバランスが整い、人はより活動的になります。

たとえば、睡眠ホルモンの一種であるメラトニンの分泌が上手にコントロールされるようになり、寝つきや目覚めがよくなるのです。その結果、早起きを習慣化しやすい体質へと近づきます。

さらに、ホルモンバランスが整うことでコルチゾール（ストレスや代謝を調整するホルモン）の働きが促され、夜寝ている間にダイエット効果が得られたり、朝のエネルギーを効率よく生みだせたりするようになります。また、成長ホルモンの分泌が活性化し、美容や健康の促進にもつながります。

逆に、体内時計が乱れるとホルモンバランスが崩れ、不調を引き起こすリスクが高まります。

たとえば、太陽光を浴びる時間や食事のリズムがバラバラになりがちなシフトワーカーや、時差のある地域を頻繁に行き来している人が不調を起こしやすいのは、疫学的にも示唆されているようです。

◆早起きを定着させるための規則正しい食生活

早起きを習慣にしやすくするには、生活のリズム全体を整えることが欠かせません。そのためにも、**毎日の食事の時間をできるだけ一定にし、朝食をしっかりとること**を意識してみてください。

こうした基本的な生活習慣の積み重ねが、早起きだけでなく、日中の活動力や健康面にも大きなメリットをもたらします。

体内時計のサイクルを整えることが欠かせない

よいパフォーマンス

改善された健康と習慣
がよいパフォーマンス
をもたらす

朝の太陽光

朝の光が体内時計を
リセットするのに役立つ

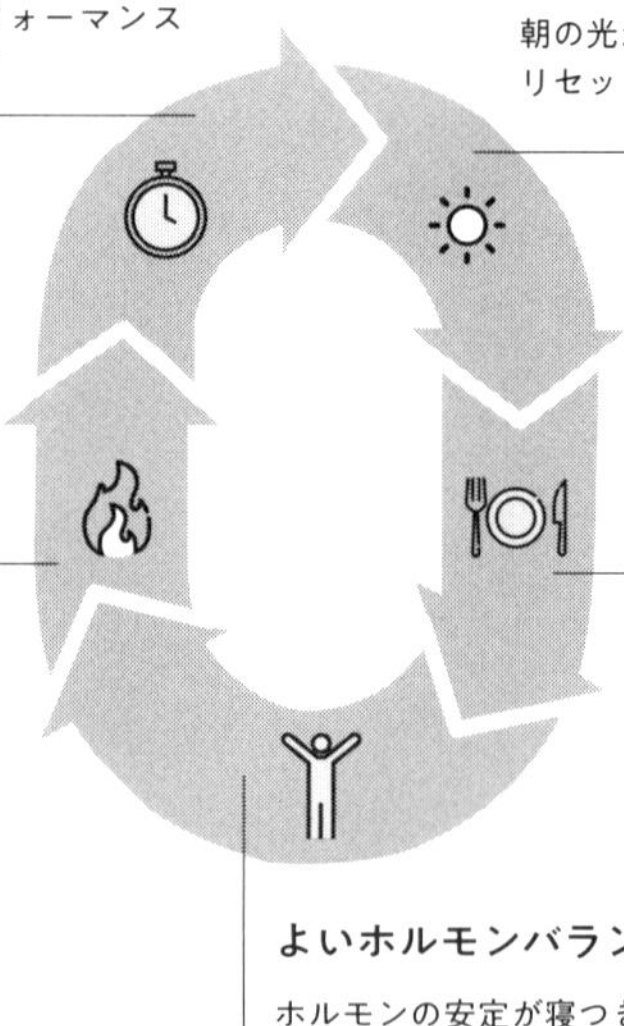

**増加した
エネルギー**

エネルギーレベルが
ホルモンバランスに
よって向上する

規則正しい食事

決まった時間の食事が
体内時計を同調させる

よいホルモンバランス

ホルモンの安定が寝つきや目覚
めをよくする

7 短時間の昼寝を取り入れる

◆「昼寝がいい」は世界の常識

早起き生活を続けるにあたって、見落としがちな重要ポイントがあります。それが昼寝です。

近年、脳科学や生理学の分野で昼寝の効果が数多く証明されており、グーグルやアップル、マイクロソフトなどの世界的企業では、オフィス内に仮眠スペースを設置して社員の仮眠を推奨しています。

こうした取り組みからも、今や昼寝はセルフマネジメントのスタンダードといっても過言ではないでしょう。コーネル大学の社会心理学者ジェームス・マース氏は、日中に短時間眠ることを「パワーナップ（積極的睡眠）」と呼び、仕事などのパフォーマンスを高める習慣として紹介しています。

実際、企業だけでなく全国の小中高校でも取り入れるケースが増えており、昼食後に15分ほどの仮眠を採用した結果、生徒全体の成績が向上したという報告も数多く見られるようです。

あなた自身も、電車内などで少しうたた寝をしただけで驚くほどスッキリした経験があるかもしれません。

昼寝についてはさまざまな研究がありますが、おおむね共通しているのは、**最適な時間は15～20分**という点です。それ以上だと深い睡眠に入り、目覚めに時間がかかってしまうため、パフォーマンスを逆に下げる可能性があるそうです。

◆昼寝が「早起き生活」を支える理由

私の場合は、昼食後に眠気が襲ってくることが多いため、そのタイミングで書斎のゲーミングチェアをフラットに倒し、15分ほど仮眠をとるのが定番です。また、外出先にいる場合は、あえて急行ではなく各駅停車の電車に乗り、座って短時間の仮眠をすることもあります。

このように、1日のリズムの中で昼寝をうまく活用すると、日中のパフォーマンスを維持しやすくなるうえ、もし**朝の起床がツラい日でも「昼寝まで頑張ろう」と思える**ようになります。

つまり、昼寝は早起き生活をサポートする秘密兵器ともいえるのです。

ぜひあなたも、自分のライフスタイルに合わせて昼寝を取り入れてみてください。短時間でもしっかり仮眠をとることで、頭はクリアになり、体力や集中力を回復させながら、早起き生活を快適に続けやすくなるはずです。

8 フォーカスするべきは就寝時間

早起きを習慣化しようとすると、どうしても「朝何時に起きるか」にばかり意識が向きがちです。

しかし、**本当に注目すべきは「何時に寝るか」**という点にあります。

いきなり「明日は朝5時に起きる！」と目標を立てる人は多いですが、就寝時間を変えようとしないケースがほとんどです。これではなかなかうまくいかないものです。

当然ながら、寝る時間をそのままにして朝だけ早く起きても、ただ睡眠不足になるだけで続きません。**早く寝るからこそ早く起きられる**――ありきたりに聞こえるかもしれませんが、これこそが早起きの原理原則なのです。

✦「起きる時間」は結果、「寝る時間」が原因

多くの人は、「早起きの習慣化には何か秘策があるのではないか」と思いがちですが、本来重要なのは**「寝る時間」をどうコントロールするか**です。

早起きを成功させる勝負は、目覚まし時計が鳴った瞬間ではなく、前の晩、もっと言えば夕方ごろから始まっていると考えたほうがわかりやすいでしょう。

私自身、夜は早ければ20時半、遅くとも21時までにはベッドに入ることを目標にしています。翌日にハードなスケジュールやセミナー講演が控えているとき、あるいは疲れがたまっていると感じるときは、さらに早めに身体を休めることもあります。

こうして就寝時間をこまめに調整しながら、**十分な睡眠時間を確保**するようにしているのです。

◆「早く寝る」ことが習慣化できれば、早起きは8割成功！

私が早起きをテーマにコーチングをする際、最初のアドバイスとして重視しているのは「寝る時間を早める」という目標です。**まずは決めた時間までに就寝する行動を習慣化してしまえば、早起きの習慣化は8割方成功したも同然**です。

早起きを実践したい方は、まず「朝何時に起きるか」を考えるよりも、「夜何時に寝るか」をしっかり決めてみてください。結果として、気持ちよく目覚められる早起き生活へと近づいていくはずです。

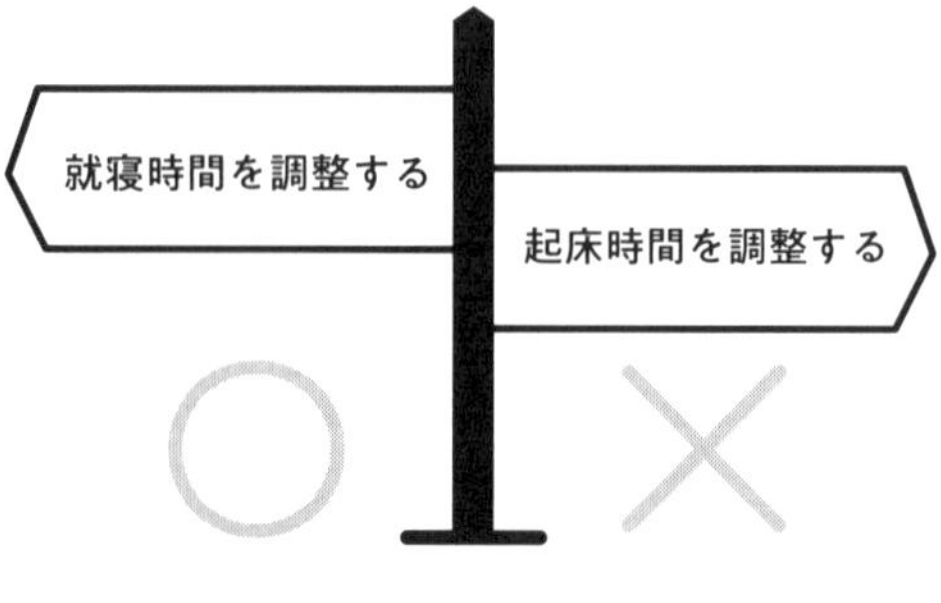

9 一番手っ取り早いのは、早起きの仲間をもつこと

私たちは環境の影響を受けやすい生き物です。

何かを頑張っている人の多い環境に身を置けば、「自分ももっと頑張ろう」と自然に思えるものですし、周囲に怠け者が多ければ、自分まで怠けてしまいがちです。

実際、「ポジティブな人の周りにはポジティブな人が集まる」「不良の周りには素行の悪い人が集まる」というように、「類は友を呼ぶ」とよく言われるのも、その通りだと感じる方は多いでしょう。

「自分を変えたければ、付き合う人を変えろ」という言葉にもうなずけます。

◆早起きコミュニティの効果

同じように、早起きの人たちの周りには、なぜか早起きの人が集まっていることがよくあります。実は私自身もそうです。

私が主宰する学習コミュニティ『My手帳倶楽部』では、実に多くのメンバーが早起きを実践しています。もともと早起きだった人ばかりが集まっているかと思いきや、**入会してから早起きになったというメンバーが大多数**なのです。

その大きな要因が、コミュニティ内で毎朝開催している**「朝もく会」**というイベントにあります。これはオンライン（zoom）で行われる、文字通り**黙々と作業するために集まってサボらないようにする会**で、平日・休日を問わず毎朝6時から6時35分まで実施されています。

朝6時になるとzoomに入室し、最初に5分ほど参加者同士でアイスブレイクをかねて軽い挨拶や世間話をします。その後は各々が自分のやりたいことに30分間集中して取り組むという、非常にシンプルな会です。

読書をする人、資格勉強に励む人、手帳を使って1日のタスクやスケジュールを確認する人など、**何をするかは完全に自由**。途中からの入室・退室もOKで、毎日参加しなければいけないわけではありません。

たとえば「今週は今日と明日だけ参加しよう」という気軽さも魅力です。

この「朝もく会」への参加をきっかけに早起きを習慣化したメンバーが数多くいることからも、**朝の仲間をつくること**がいかに効果的かがおわかりいただけると思います。

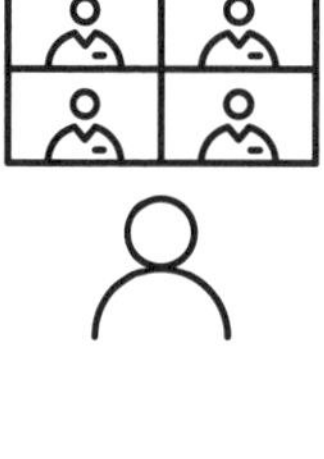

◆2人以上いれば始められる「朝もく会」スタイル

早起きはひとりで孤独に頑張るより、仲間と一緒に取り組むほうが習慣形成において圧倒的に有利です。

外部で行われている朝活イベントに参加するのもいいですが、ここで紹介した「朝もく会」のような取り組みは、**2人以上の仲間さえいれば誰でも開催できます。**

LINE通話やGoogle Meetなどの無料オンラインサービスを活用すれば、すぐにでも始められます。

ぜひあなたも仲間内で「朝もく会」を立ち上げ、「朝の時間を充実させる」体験をぜひ試してみてはいかがでしょうか。

きっと、早起きを支える大きなモチベーションになるはずです。

10 まずは週末から始めよう

「忙しくて早起きなんてムリ」という人も、まずは週末から始めてみるのはどうでしょうか？　平日はなかなか起きられないけれど、気分が高まる週末なら早起きできる、という方は意外と少なくありません。

実はかつての私も、週末から早起きを始めたひとりです。

◆まずは週末だけチャレンジしてみる

平日に早起きするのが難しくても、週末なら時間も場所も行動も自由にデザインできます。ふだんの生活をガラリと変えるのは大変ですが、「週末だけちょっと試してみようかな」と思うだけでも気分が楽になります。

実際、まず週末に早起きする習慣をつくると、不思議なことに平日も早起きしやすくなることがあるのです。スポーツの世界でいう「アクティブレスト（積極的休養）」と同じように、週末にダラダラ過ごすよりも朝から積極的に動いたほうが心身ともにリフレッシュできる――そんな効果が期待できます。

◆金曜の夜にどう過ごすか

週末の早起き習慣を定着させるポイントは、**「金曜の夜から切り替える」という意識をもつ**ことです。

毎日必ず早起きしなきゃ……と構えるより、**「週末だけでも1時間早く起きてみよう」**と考えるほうが気楽に取り組めますし、その小さな成功体験が平日の早起きにつながることも十分にあり得ます。

たとえば、**これまでの土日よりも1時間だけ早く起きる**ところから始めてみてください。早起きによって確保できた時間を、自分が好きなことややりたいことにあてれば、休日がより充実していると感じられるはずです。

こうした成功体験の積み重ねが、「もっと早起きをして有意義に過ごしたい」というモチベーションにつながり、平日の早起きにも自然と波及していきます。

焦らず気楽に取り組むことで、あなたのライフスタイルも少しずつ変わっていくでしょう。

大事なのは、最初からハードルを上げすぎないこと。ぜひ少しずつチャレンジをして体を慣らしていき、早起きのよさを実感することから始めてください。

理想的な１日の流れをパターン化して、予定を立てる際の基準をつくる。

朝の太陽光をしっかりと浴び、規則正しい食事をとることで、体内時計を整えてホルモンバランスをよくする。

15分から20分の「昼寝」は、早起き生活をサポートする秘密兵器。

「朝何時に起きるか」よりも、「何時に寝るか」が大事。早起きを成功させる勝負は、前の晩の夕方ごろから始まっている。

早起きの仲間をもてば、早起きをする強い動機づけになる。

まずは週末１時間早く起きることを目標にする。そのために金曜の夜から過ごし方を変え、充実した休日を過ごしてみる。小さな成功体験を積み、焦らず気楽に取り組むこと。

第2章
まとめ

- 早起きの習慣化に成功する人と挫折する人の違いは、「なぜ早起きをするのか」という目的意識にある。

- 「楽しみだから寝ていられない」という状態をつくれたら成功したも同然。

- 朝の集中しやすい時間帯は、「自分にとって本当に大切なこと」に取り組む。最も適しているのが夢や理想の未来を形にする「夢活」。

- まずは理想の未来像をはっきりさせるところから始める。実現できるかどうかにかかわらず、とにかく思いつく限り書きだすこと。

- 早起きして複業（副業）を始める。本業以外から収入を得ることで、不安やストレスを軽減し、早起きしやすい体質へ。

- 毎日決まったモーニングルーティンを行うことで、「何をするか」の迷いがなくなり、朝時間を夢や目標に直結する習慣に変えていく。

Column

早起きを支えるお気に入りアイテム

「日本の国民の約半数は睡眠に問題を抱えている」

これは、枕で有名な「ブレインスリープ」が行った調査によってわかったことです。さらに、睡眠の質の悪さは仕事のパフォーマンスダウンにも影響を及ぼしており、その経済損失額は1人あたり年間約76万円の差が生じるというから驚きです。

そんな話を聞くと、自分の睡眠の質が気になるところでしょう。

そこでおすすめしたいのが、私が愛用しているブレインスリープが開発した『ブレインスリープ コイン』という睡眠計測ツールです。

スマートフォンとBluetooth接続し、就寝時に服に装着したまま眠ると、入眠までの時間や中途覚醒の回数、睡眠時の姿勢や寝返りの回数などを感知し、睡眠の質を点数化してくれるという優れもの。

また、寝つきと密接な関係があるとされる寝床内温度も計測してくれます。

起床後のパフォーマンスアップに向けて、自分の睡眠と向き合うためのアイテムとして活躍してくれています。

『ブレインスリープ コイン』
公式サイトで購入可能
https://brain-sleep.com/products/coin
8,800円（税込）

参考ページ：「ブレインスリープ」の調査結果
https://brain-sleep.com/pages/research2024

第3章

自分を変える
モーニングルーティン

1 朝1時間のモーニングルーティン

モーニングルーティンとは、毎朝の行動習慣のことを指します。

一般的に「ルーティン」と聞くと、「歯を磨く」「朝風呂に入る」などが想起されそうですが、本書でいうモーニングルーティンはそれだけではありません。第2章でも述べた通り、私は早朝の「夢活」の時間をモーニングルーティンに組み込むことをおすすめしています。具体的には、**「1日をデザインする時間」と「夢活の時間」をセットにする**のが理想です。

◆「1日をデザインする時間」と「夢活の時間」をセットにする

まず、「1日をデザインする時間」とは、**その日のゴール設定や重点タスクの**

洗いだし、スケジューリングなどを行うことで、1日の質を最大限に高めるための時間です。

これにより、ただ「こなすだけの毎日」という受動的な生き方から、自らの手で1日を作り上げる能動的な生き方へと変えていけます。

次に、「夢活の時間」は、その名の通り**「将来こうなりたい」という夢の実現に向けた種まきの時間**です。

毎日少しずつ取り組むことで、自分の夢へと着実に近づいていくことができます。

そして、本書の提案は、**これらをモーニングルーティンとして朝1時間早く起きて実践しましょう**というもの。

わざわざ朝4時に起きる必要はなく、ふだん7時起床の人であれば6時起きにチャレンジしてみてください。それくらいなら「できそう」と感じられるはずです。

◆起床時間をスライドしても同じ考え方

慣れてきたら、「6時起き」から「5時起き」にスライドしたいと思う方もいるかもしれません。

その場合でも考え方は基本的に同じで、起きる時間が早まった分、「夢活の時間」を多めに取るなどして、より長く夢に向けた作業に集中するイメージです。

【朝5時起きの人】　計画30分＋夢活90分
【朝6時起きの人】　計画30分＋夢活30分

このように、モーニングルーティンを「1日をデザインする時間」と「夢活の時間」のセットで捉えておくと、たとえ起床時間を変えても応用がききます。

朝の貴重な時間をどう使うかを意識するだけで、理想に向かうスピードが格段に上がるでしょう。

2 朝30分で1日をデザインする

◆何事も「仕込み」が大事

お酒が好きな私は、いろいろな飲食店によく食事に行きますが、名店と呼ばれるお店ほど開店前の仕込みに力を入れています。仕込みがしっかりできていれば、営業時の作業を驚くほど軽減できるからです。

これは飲食店に限らず、私たち個人にも当てはまります。1日のはじまりにその日1日の仕込みをしっかり行うことで、自分のパフォーマンスを大きく高められるのです。

その具体的な取り組みが、モーニングルーティンの1つめ**「1日をデザイン**

する時間」です。ここでは、今日のゴール設定や重点タスクの洗いだしと優先順位付け、スケジュールの確認などを行い、1日の質と効率を最大限に高める「準備時間」をつくります。

◆計画を立てることで得られる5つのメリット

このように朝のプランニングをモーニングルーティンにすると、次の5つのメリットを生みだします。

1. 生産性の向上

その日の優先順位が明確になり、重要なタスクから取りかかることで時間を無駄にせず効率的に行動できます。

2. ストレスの軽減

計画を立てる行為が頭のモヤモヤを整理し、不安や混乱を減らします。さらに、先手先手で動けるので心に余裕が生まれ、毎日の主導権を握れるようになります。

3. タイムマネジメント力の向上

「何にどれくらい時間がかかるのか」「どの時間帯に怠けやすいのか」など、自分の行動の癖が見えてきます。これにより〝時間見積もり力〟が高まり、不測の事態にも柔軟に対応できる総合的なタイムマネジメント力へとつながります。

4. 自己効力感の向上

計画通りにタスクをこなし、小さな達成感を積み重ねることで、「自分にはできる」という自己効力感が高まります。その結果、毎日をポジティブに過ごしやすくなっていきます。

5. 目標達成力の向上

1日の計画は、長期目標を小さく分割したステップでもあります。毎日そのステップを踏んで着実に進むことで、手応えと充足感を得られ、最終的に目標を達成しやすくなります。

こうしたプランニングの効果について、「計画を立てる時間自体がもったいない」「その時間にタスクを進めたほうが早いのでは？」と疑問をもつ方もいるかもしれません。

ですが、トータルで見ると **〝的を射た行動〟を取れるようになる分、圧倒的に効率がよくなる**ことが私自身の経験、そして私が主宰する講座やコミュニティの受講生たちの成果によって証明されています。

「とにかくムダを排除したい」という私のような超合理主義者が10年以上続けているのも、その効果を身をもって体感しているからにほかなりません。

ですので、ぜひ**朝30分で1日をデザインする**ルーティンにチャレンジしてみてください。早い人であれば、1週間も経たないうちにその効果を実感できるでしょう。

予定をただこなすだけの受け身な生活から脱却し、**手応えと充足感のある毎日**へと変わっていくことをお約束します。

計画を立てることで得られるメリット

1
生産性の向上

重要なタスクから取りかかることで効率が高まる。

2
ストレスの軽減

頭の中を整理し、先手で行動することで余裕が生まれる。

3
タイムマネジメント力の向上

時間見積もり力が高まり、不足の事態にも柔軟に対応できる。

4
自己効力感の向上

タスクを完了し、達成感を得ることで自信が高まる。

5
目標達成率の向上

小さなステップを着実にこなし、目標達成しやすくなる。

3 1日をデザインする3ステップ

ここでは、モーニングルーティンの1つめである「1日をデザインする時間」について、具体的にどんな作業をするのか、そして30分をどう使うのかを説明していきます。

やることは大きく分けて、次の3つのステップです。

なお、ここでは手帳を使うことを前提に解説しますが、白紙のノートやアプリなどのデジタルツールでも同じように実践できます。ぜひ、自分に合った方法を試してみてください。

「今日のゴール」の記入例

新規プロジェクトの企画書を完成させて、
明日は提出するのみの状態になる

資格テキストのパート2まで読み終える

◆Step1　今日のゴール設定

まずは「1日が終わったときに、どういう状態にあると理想的か？」を考え、今日1日で得たい結果を定めます。

ゴールが1つだけの日もあれば、複数ある日もあるでしょう。
ただし、あまり多すぎると焦点がぼやけやすいため、**3つ以内に絞り込む**のがおすすめです。

「今日の夜、布団に入るときにはどうなっていれば合格といえるか？」という〝ゴール〟を朝のうちに決めておくことで、その日を目的意識をもって過ごすことができます。

◆Step2　重点タスクの洗いだしと優先順位づけ

いわゆるタスクリストの作成です。

今日やるべきことを一覧化し、優先順位を決めていく過程は、**「自分にとって何が重要で、何を切り捨てるべきか」を判断する**行為でもあります。

仕事だけでなく、家庭のことなど多岐にわたるタスクを管理するには工夫が必要です。

一般的にはA・B・Cのランク分けが使われますが、より細かく分けたい場合はA^+やA^-のようにプラスやマイナスの記号を加える方法もあります。

「優先順位づけ」の記入例

	A	プロモーション企画書の作成	2h
	B	A社の見積書作成＆提出	0.5h
	B	アンケート結果の集計	1h

また、タスクを色分けするのも一案です。

私の場合は、仕事関係を「赤」、プライベートを「青」、自分の目標達成に関わることを「緑」といった具合にマイルールで分類しています。

もし「緑」のタスクが少ないと気づいたら、スケジュールを微調整して目標に近づけるよう工夫します。

さらに、**「このタスクはどれくらい時間がかかるか」の見込み時間も書き込む**ようにすると、後のスケジューリングがスムーズになります。

優先順位の表記方法や色分けには、これが正解というものはありません。試行錯誤しながら、自分に合ったやり方を見つけてみてください。

◆Step3　1日のスケジューリング

Step1で設定したゴール、Step2で洗いだしたタスクを踏まえて、今日はどのように行動するのかを具体的に書き込みます。

すでに決まっている商談やミーティングなどもあるでしょうが、細かいところまでスケジュール化していくのがコツです。

私の場合は、あらかじめ週間スケジュール表（ウィークリーページ）に大まかな予定を記入し、**モーニングルーティンの時間にデイリーリフィル（1日計画表）へ転記**して、より詳細に組み立てています。

スケジューリングのポイントは3つです。

1.「理想の時間の使い方」に近づける

第2章でも触れましたが、自分がパフォーマンスを発揮しやすい形に1日をデザインしましょう。

2.細切れの「スキマ時間」や「移動時間」を有効に使う

たとえば、「この電車移動時に本を半分まで読んでしまおう」「たまっているメールは、この待ち時間で一気に処理してしまおう」「この時間で10分間だけ仮眠をとろう」といった具合です。

このようにあらかじめ決めておかないと、ただ何となくスマホをいじったり、SNSを見だしてしまったりと、つい惰性的な時間の使い方をしてしまうためです。

3．バッファ（余裕時間）を必ず確保する

具体的にどれぐらいのバッファをもてばいいかという目安はありません。

私の場合は、午前と午後に最低でも1時間ずつは予定が入っていない時間を確保しています。こうすることで、不測の事態にも対応できるようにしています。

◆作業時間は30分が目安

ここまで便宜上、3ステップに分けて解説してきましたが、実際にはStep1～3を行ったり来たりすることもあるでしょう。

たとえば、タスクの洗いだしをする中で「今日のゴール」が固まる場合もあれば、スケジュールを組む中でタスクを追加・削除する場合もあります。


いずれにしても、**慣れるまでの目安は30分ほど**です。

慣れてくれば15～20分で済むようになる方もいると思いますが、その分余った時間は2つめのモーニングルーティンである「夢活」に回して構いません。

また、Step1〜3に慣れてきたら、自分ならではの検討項目を加えてみるのも面白いでしょう。

私は自作のデイリーリフィルに「起床時間」「睡眠時間」「心の状態」「体の調子」などを書き込める欄を設けたり、前日のよかった点・反省点を振り返れるような「振り返り」欄を用意しています。

常に課題意識をもち続けるために「今の課題とやるべき事」という欄もあるほどです。

ここまで行うと、単に効率的になるだけではなく、**「1日1日を丁寧に、しかも自分の主導権で過ごせている」という手応え**が生まれます。

まさに、〝受け身の生活〟から一歩抜けだし、自分の人生を自分でデザインする感覚をつかむための大きな第一歩といえるでしょう。

4 「夢活」のルーティンを決める

◆ルーティンは将来の夢に応じて変えていく

ここからは、2つめのモーニングルーティンである「夢活の時間」について詳しく解説します。

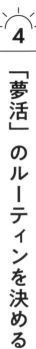

朝6時起きで、7時までの1時間をモーニングルーティンに使えるという人であれば、「1日をデザインする時間」に30分、そして残りの30分を「夢活の時間」にあてるイメージです。

朝5時起きで、2時間をモーニングルーティンにあてられる人であれば「夢

「モーニングルーティン」の例

5:20　起床

5:30 ～ 6:00

モーニングルーティン①
「1日をデザインする時間」

6:00 ～ 6:30

モーニングルーティン②
「夢活1：英会話の勉強」

6:30 ～ 7:00

モーニングルーティン③
「夢活2：ランニング」

活の時間」は90分になるというように、あなたが朝何時に起きるのか、どれくらいの時間をモーニングルーティンにあてられるのかによって「夢活の時間」は変動します。

ここで「ルーティン」という言葉から「内容を固定して変えないもの」と思われるかもしれませんが、私は**自分の描く夢によってモーニングルーティンを定期的に見直していくべき**だと考えています。

たとえば、私自身はかつて「セミナー講師になる」という夢を抱いていたとき、人前で話すのが苦手だったため、プレゼンテーションスキルの習得が必須課題でした。そこで毎朝パワーポイントを開き、鏡の前で「ひとりトーク」の練習をしていたのです。

いわば「ひとりプレゼン」をモーニングルーティンにしていたわけですが、そのおかげで、今では１００人ほどの前なら特に緊張せずに話せるようになりました。当然ながら、現在の私には「ひとりプレゼン」の時間は必要ありません。

このように、**あなたが将来どうなりたいのかによって、早朝の時間を何に使うかは変わってくる**のです。

たとえば、起業や複業を目指しているなら、ブログやSNSで情報を発信する時間にしてもいいでしょう。YouTube動画の撮影や編集にあてるのも一案です。

あるいはキャリアチェンジのために資格取得を目指しているなら、勉強こそがあなたの「夢活」になります。

また、トライアスロンで上位入賞したい人は、毎朝ランニングで心肺機能を強化することが夢活となるでしょう。

◆あなたの「夢活」を見つけるためのセルフコーチング

では、あなたにとっての「夢活」とは何でしょうか？

次のページに、私がコーチングの際によく使うセルフコーチングのための5つの質問を記載します。

自問自答してみることで、**今の自分にとって必要な夢活が何かが見えてくるはずです。**

自分の夢に関わることなので、それは何もビジネス的なものに限りません。たとえば楽器の演奏が趣味で、コンクールで入賞することを目指している人であれば、毎朝演奏の練習をすることも立派な夢活といえます。

さて、あなたにとっての「夢活」はどんな活動でしょうか？

【ワーク】「夢活」を見つけるセルフコーチングをしよう

Q1. あなたの人生で変えたいこと、改善したいことは何ですか？

Q2. 3～5年後を見据えたときに、本当は今からやっておいたほうがよいと思う活動や取り組みは何ですか？

Q3. あなたの今年の目標は何ですか？

Q4. Q3までを踏まえて、早朝の時間をどんなことに使うとよさそうですか？

Q5. 早起きを通じて、いつまでにどんな状態になることを目指しますか？

時間をとって
じっくり考えよう！

5 自分を変える「週末ルーティン」

ここまで「1日をデザインする時間」と「夢活の時間」をセットにしたモーニングルーティンについて解説してきましたが、週末ならではのモーニングルーティンもあります。

それが、**1週間のプランニング**です。

◆1週間の計は週末にあり

私たちは幼いころから自然と、「月曜日に1週間が始まり、日曜日で締めくくる」ライフサイクルを身につけてきました。

ビジネスや教育の分野でも、7日間を1セットとして考えるのは基本中の基本です。

さらに、月曜から金曜までが平日、土日が休日という週休二日制は、現代のスタンダードといえます。

「1年の計は元旦にあり」という言葉がありますが、こうした背景から私は**「1週間の計は週末にあり」**と考えています。

具体的には、週末（私の場合は日曜日）の早朝30分〜1時間ほどを使って、次の2つのルーティンを行います。

◆1週間を振り返り、PDCAサイクルを回す

まずは直近1週間を振り返ります。

いわゆる「反省会」や「自己省察」のようなもので、目標に対する進捗確認

や計画の軌道修正を行う大切な時間です。

スポーツの世界でも試合後によかった点や反省点、次への課題をチームで共有するように、私たちも定期的な振り返りの機会を設けることで、**PDCAサイクルを1週間単位で回すこと**ができます。

私の場合は、年単位・3カ月単位・月単位で目標を設定し、日曜日の振り返りで「今月の目標」に対する進捗状況をチェックします。

直近の月曜から土曜までの成果や反省点を洗いだし、そこで見つかった課題を翌週の計画に反映するのです。

◆翌週のプランニングで最初にするべきこと

振り返りを踏まえて、**翌週の「目標」と「行動計画」**を立てます。

ここでは、今月の目標を達成するために必要な具体的行動を考え、それを1

週間の目標として設定し、さらにその行動を実行する時間をスケジュール帳に組み込んでしまいます。

一般的に、多くの人は商談や会食などの「他人との約束」や「やらなければいけないこと」で日々の予定が埋まってしまい、残った時間で自分の目標に取り組もうとしがちです。

しかし、その方法では「緊急ではないが重要なこと」に着手しにくく、結局いつまでたっても目標に近づけません。

自己実現のためには、まず大事なことからスケジュールを埋めるのが基本です。ポイントは、**「緊急ではないが重要なこと」からスケジュールを埋めてしまうこと**です。

ここまで、週末ルーティンである1週間のプランニングについて解説してきました。

ただ何となく1週間を終えて、そのまま惰性的に次の1週間をスタートするのか。それとも、きちんと1週間の自分の行動を省みたうえで、目的意識をもって翌週に臨むのか。どちらのほうが自分のパフォーマンスを高め、より充実した1週間にすることができるのかは明らかでしょう。

なお、私が監修した『夢をかなえるライフデザイン手帳』（明日香出版社）は、ここで紹介した週末のルーティンに取り組みやすい仕様になっています。

次のページに記入例を掲載しますが、他の手帳やノートでも十分に実践可能です。ご自身の取り組みやすい方法で試してみてください。

『夢をかなえるライフデザイン手帳2025』
（明日香出版社）

『夢をかなえるライフデザイン手帳2025』を使った記入例

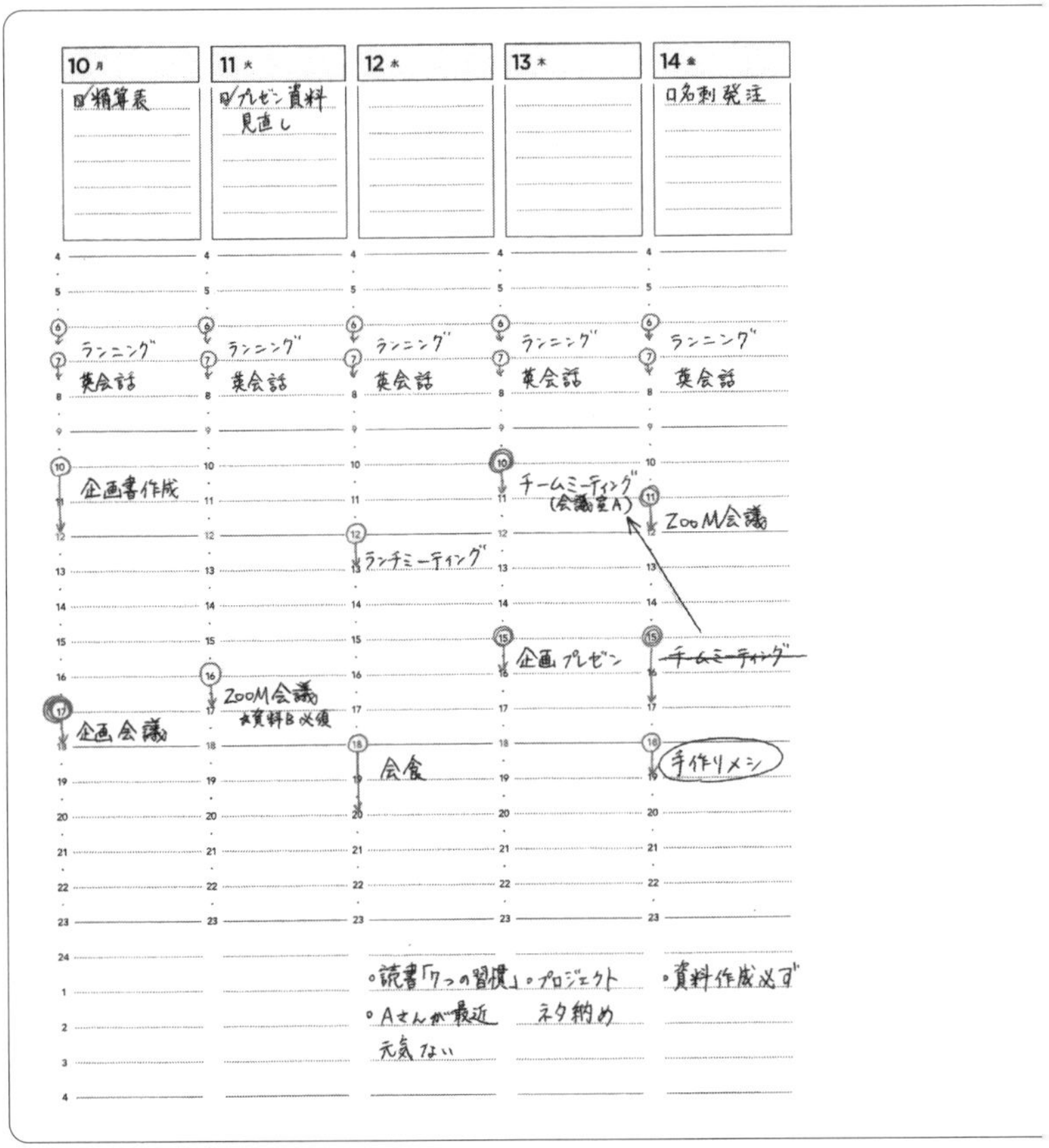
10 月
11 火
12 水
13 木
14 金
☑精算表
☑プレゼン資料見直し
□名刺発注
ランニング
英会話
企画書作成
チームミーティング (会議室A)
ZooM会議
ランチミーティング
企画プレゼン
チームミーティング
ZOOM会議
＊資料B必須
企画会議
会食
手作りメシ
・読書「7つの習慣」
・プロジェクトネタ納め
・Aさんが最近元気ない
・資料作成必ず

第3章
まとめ

- モーニングルーティンのうち、まず30分ほどを「1日のデザイン」に使う。
- 1日のデザインは、「今日のゴール設定」「重点タスクの洗いだしと優先順位づけ」「1日のスケジューリング」の順に行う。
- モーニングルーティンで「夢活」の時間をとり、夢の実現に向けた種まきをする。
- 今の自分に必要な夢活を見つけるセルフコーチングを行う。
- 1年の計は元旦にあり、1週間の計は「週末」にあり。
- 実行内容は必ず振り返りを実施して、ＰＤＣＡを回す。
- 翌週のプランニングをする際は、まず「緊急ではないが重要なこと」からスケジューリングする。

Column

早く眠りにつくための「ナイトルーティン」

本文中で、「早く寝れば早く起きることができる」と説明しましたが、なかには寝つきが悪くて早く就寝することが難しいという人もいることでしょう。

そのような人におすすめなのは、自分ならではの「寝る前のルーティン」をつくることです。

「ナイトルーティン」とも呼ばれますが、最新の睡眠学では、毎晩同じ時間に同じ行動を行うことで体がリズムを覚え、自然と眠気が出てきて入眠しやすくなる効果があるとされています。

私は比較的すぐに入眠できるタイプなので、早く眠りにつくことにそこまで苦労することはありませんが、「ストレッチ↓布団に入る↓読書」という一連の流れが入眠前の儀式となっています。

その他にも、ナイトルーティンの例として次のようなものがあげられます。

【ナイトルーティンの例】

・パジャマに着替える
・スキンケアをする
・日記を書く
・瞑想をする
・白湯を飲む
・アロマを焚く
・BGM（音楽）を流す
・照明の光度を下げる

ポイントになるのが、眠っているときやリラックスしているときに優位になる「副交感神経」です。

人の自律神経は、日中に活動しているときや興奮しているときは交感神経が優位に働いている「覚醒モード」にあるとされていますが、よりよい眠りにつくためには副交換神経が働いている「睡眠モード」に切り替える必要があるのです。
しかし、スマホやパソコンが放つブルーライトを浴びると、脳が日中だと勘違いして、うまく睡眠モードへと切り替えられなくなってしまいます。
またコーヒーやお茶などに含まれるカフェインを摂取すると、神経が興奮状態となり、眠気が覚めてしまいます。

おやすみ前には、こうした脳や神経を刺激するような行動は控えた自分なりのナイトルーティンで心身ともにリラックスさせてあげましょう。

第 4 章

早起きが続かないときの対処法

1

早起きから離脱しても、また戻ってくれば問題ない

私がよく聞かれる質問に、「『早起きできる人』と『できない人』は、どこが違うんですか？」というものがあります。

結論としては、第2章でも触れた通り、**早起きをする明確な目的があり、その目的がワクワクするものであるかどうかが分かれ目**だと考えています。

一方で、早起きをしたいと思いつつも、**いつまでも早起きを習慣にできない人にとっては「早起き＝苦痛」**でしかありません。

「早く起きたい」という気持ちよりも、「早く起きるのがツラい」という思いのほうが上回ってしまっているのです。

ただ、安心してください！

第4章

早起きが続かないときの対処法

長年早起きを続けている私自身も、**常に毎日欠かさず早起きできているわけではありません。**

私自身も、モチベーションが低下したり、仕事の忙しさにかまけて夜更かしするようになったりして、気づけば朝4時起き生活から離脱してしまうような時期がありました。

機械ではなく人間ですから、このように波が出てしまうことは自然なことだと思います。

そんな私の経験上、**早起きから離れてしまったときに、再度また戻ってくるための術《すべ》をもっている**ことが重要となります。また、それらは、なかなか早起きを習慣化できないときの対処法としても有効となってきます。

そこで本章では、早起きがなかなか続かないときの対処法について紹介していきたいと思います。

2

早起きを習慣にするための「割り切り」

私は今でこそ朝4時台から活動を始めても苦になりませんが、最初はやはりツラい思いをしながら少しずつ早起きを身につけました。

睡眠欲が三大欲求のひとつである以上、「早起きがよい」と頭でわかっていても、最初は誰しもがツラいものだと思います。

そこで大切になるのが、ある程度の「割り切り」です。

◆割り切り① 何時に起きても眠いときは眠い

二度寝の誘惑が気持ちいいのは、私もよくわかります。ただ、よくよく考えてみると、多少二度寝したところで、起きるときのツラさはそれほど変わらないはずです。

私自身も、早起きできなかった時期から一転して比較的簡単に朝型生活へ移行できたのは、**「何時に起きようが、結局は眠い」**とどこかで割り切れたからでした。

ある意味、この開き直りによって「早起きが意外とラク」に感じられるようになったのです。

◆割り切り②　目覚めたら機械的に「せーの！」で起き上がる

朝起きるのがツラいのは、目覚めたときに「もうちょっと寝ていたいな」とか「あと10分だけ」というように、寝ている状態のままグダグダと考えるからです。

ぜひ試してもらいたいのが、目覚ましのアラームが鳴ったら、考える余地を与えることなく**「せーの！」と心の中でかけ声をかけてガバッと起き上がってしま**

う方法です。

寒さがツラい冬場でも、この方法で早起きを習慣化させた方が多数いるほどおすすめの方法です。

◆割り切り③　昼寝を頼りにする

第2章でも触れたように、昼寝を上手に取り入れれば、ツラい思いをせずに早起き生活を継続できます。

あらかじめ「日中に眠くなったら昼寝をしよう」と思っていれば、布団の中でグダグダと二度寝する必要がなくなるはずです。

「日中に眠たくなっても、昼寝で解消できる」という前提があるだけで、朝起きるときの二度寝の誘惑がぐっと減ることでしょう。

早起きを成功させる３つの「割り切り」

1. 何時に起きても眠いときは眠い
（今起きても、二度寝しても一緒！）

2. 「せーの！」で起き上がる
（余計なことを考えない！）

3. 昼寝を頼りにする
（眠くても、10分昼寝できる！と考える）

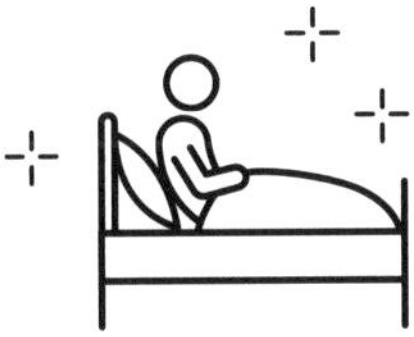

3

早起きを妨害するものを遠ざける

早起きを習慣化して継続するには、それを妨害するものを遠ざけることが欠かせません。1日24時間という限られた資源を増やすことができない以上、**何かをやるためには何かを犠牲にする**のが原理原則だからです。

その観点から、私は**「やらないことリスト」**を作り、早起き習慣の継続に努めています。一例として、次のページのような項目をリスト化しています。

私は、この「やらないことリスト」を手帳に挟み込み、月に1回ほど見返して自分を戒めるようにしています。

これらはあくまで一例ですが、要するに**「やらないこと」**や**「やめること」**を箇条書きにして、**自分で自分に課すマイルール**とするだけです。

さて、あなたが早起きを習慣化するために**手放すこと、遠ざけること**は何でしょうか？

この機会に一度、リストアップしてみることをおすすめします。

- ✓ 海外ドラマを観ない（次が気になってハマってしまい生活リズムを乱すため）
- ✓ 20時以降からスタートの飲み会には参加しない
- ✓ 飲み会の2次会には参加しない
- ✓ ゲームをやらない（スマートフォンにゲームアプリを入れない）
- ✓ 新聞を隅々まで読もうとしない
- ✓ 無理難題を求める顧客と取引しない（仕事時間の増大につながるため）
- ✓ 日曜日の夜にお酒を飲まない（月曜からリズムが狂ってしまうため）
- ✓ 寝る前に動画やSNSを見ない（代わりに読書する）

【ワーク】 何かを犠牲にしないと時間は作れません
「やらないこと」「やめること」を考えよう

（例）

海外ドラマは観ない

日曜の夜はお酒を飲まない

夜９時を過ぎたらスマホは触らない

時間をとって
じっくり考えよう！

4 自分の頑張りを「見える化」する

なかなか早起きが続かないときは、**ルーティンチェック表**をつくって習慣化に役立てましょう。

私の場合、早起きに限らず、習慣にしたい行動を継続できるように、手帳のウィークリーページにルーティンチェック表を設けて、その行動を持続することができているかを記録するようにしています。

たとえば、「毎日10分間ストレッチ」とルーティン行動を記入して、実行した日は○を書き込みます。

このように、**自分の頑張りを「見える化」**します。

手帳を開くたびに目にすることになるので、○が書き込まれている表を目にするとどこか嬉しくなり、もっと○で埋めてしまいたいという気持ちになれるのです。

このような方法は、習慣形成につなげるものであることから「ハビット・トラッカー」と呼ばれたりもします。

できたら○、できなかったら×をつけるという極めてシンプルな方法ですが、この**「記録する」という行為が強力なモチベーション**をもたらしてくれます。

前述の通り、私の場合は手帳のウィークリーページを活用していますが、単純にカレンダーを塗りつぶしていくような方法でもよいでしょう。

早起きするたびにカレンダーを塗りつぶしていく行為に快感を覚えるようになったら、しめたものです。

些細なことではありますが、習慣というものは、こうした小さな行動の積み重ねによって形成されていくものです。

ルーティンチェック表の例

チェック項目	曜日
	月 火 水 木 金 土 日
朝5時台から活動	○○×○○
10分間ストレッチ	○○○○○
英会話15分勉強	○××○○

ポイント

- 手帳やノート、カレンダーに毎日取り組みたい「ルーティン行動」をチェックする
- できたら◯印、できなかったら×印を毎日つける
- 記録する行為がモチベーションにつながる

5 早起きを続けるための「お酒」との付き合い方

◆翌日の起床時間を柔軟に

私は自分で自分のことを「酒飲み」と呼ぶほど、お酒を飲むことが好きです。お酒が強いわけではありませんが、ひとりでもふらっと飲みにいくことが自分にとってのごほうびになってしまうほどなので、趣味のひとつと言ってもよいかもしれません。

そんなこともあってか、「次の朝がツラくないんですか?」とか、「これだけ飲んでも明日は4時起きですか?」などとよく聞かれます。

酒飲みでありながら、一方で朝が早い人間でもある私にとって、一番の理想はまだ明るい時間帯（季節にもよりますが、おおむね16〜17時）から飲み始めて20時までには帰宅することです。そして、いつも通り21時には就寝するのが理想の飲み方です。この場合は、翌日の早起きにさほど影響はありません。

ただ、外部の方と飲みに行く場合などは、毎回明るい時間帯からスタートするわけにもいかないため、帰りが遅くなってしまうこともしばしばです。

そのような場合は、**翌日の起床時間を柔軟に変更**します。

たとえば、朝4時起きはあきらめて5時半起きにする、あるいは飲み過ぎたときは7時起きにするなど、無理をせず調整しているのです。

無理に早起きしたところで、睡眠不足でその日の仕事のパフォーマンスを著しく下げてしまうことがわかっているためです。

◆「飲み会」の賢い対処法

飲み会が頻繁に続くと、早起き生活は続かなくなってしまいます。

私は仕事柄、飲み会にお誘いいいただくことも多いため、早起き生活を持続していくためには、飲み会との上手な付き合い方が求められます。

ここでは、私自身が実践している飲み会の対処法を2つご紹介します。

1. すべてのお誘いには乗らない

お酒の場にお誘いいいただくことは大変ありがたいことではありますが、すべてのお誘いにお応えしていては早起き生活はままなりません。

したがって、**本当に自分にとって意義のある飲み会なのかどうかを、きちんと見極めたうえで参加する**必要があります。

とはいえ、せっかくのお誘いを断るのには勇気がいります。

そこで実践したいのが、全力で愛嬌を発揮して断るというもの。

「お誘いいただいてめちゃくちゃ嬉しいです！　が、今回はスイマセンっ！」

あくまで一例ですが、こんなように愛嬌全快で返答すれば、誘ってくれた相手を悪い気持ちにさせることなくエスケープすることができます。

2. 自分が幹事になってしまう

自分が飲み会の幹事役を買って出るというのも、ひとつの手です。

そうすることによって開始時間やお店の場所など、相手に配慮しつつもある程度自分の都合でコントロールすることができます。

その際に意識するべきことは、3点あります。


まず1つめは、**始まりの時間をできるだけ早めに設定する**こと。

スタートが早ければ、その分終わるのも早いので翌朝の負担を軽くできます。


2つめは、**可能な限りコース料理にする**こと。

アラカルトと違って、次から次へと料理が運ばれてくるのと、何よりも終わりの時間が設けられているケースがほとんどなので、ダラダラと長く飲み続けてしまうことを避けられるためです。

そして最後は、**終わりの時間を自分で決めてしまう**ことです。

たとえば、「3時間飲み放題」のコースであったとしても、お店の人に頼んで2時間で終わりにしてしまいます。費用がもったいないと思うかもしれませんが、2時間飲み食いできれば十分とここは割り切りましょう。

コース料理ではない場合ですが、そのときはボチボチいい時間だなと思ったタイミングでトイレに立ち、そのついでにシレっとお店の人「あと5分したら、『そろそろお時間です』と言いに来てください」と頼みます。

つまり、お開きのタイミングを意図的につくってしまうという手です。

私の経験上、お店の方はほぼ嫌な顔をすることなく対応してくれます。

◆お酒を楽しみながら早起きしよう

ここまで、酒飲みである私ならではの飲み会と早起きを両立していくための工夫について説明しました。

早起きは「目的」ではなく、あくまで「手段」。

早起きのためにと、無理に好きなお酒を我慢することは、私自身はしていません。そうではなく、ちょっとした工夫によってうまくお酒を楽しみながら、それでいて早起き生活を維持できるように努めています。

私のような酒飲みではなくても、社会生活をしていくうえで「お酒の場」は避けることのできないシーンだと思いますので、ここでの話をぜひ参考にして取り入れてみてください。

飲み会の賢い対処法

早めスタート

16:00	飲み会開始
20:00	お開き＆帰宅
21:00	就寝（7時間以上確保）
4:00	起床 ⇒ 日中も好調！（十分な睡眠）

通常スタート

19:00	飲み会開始
23:00	お開き＆帰宅
24:00	就寝
6:00～7:00ごろ	起床を柔軟に変更（睡眠不足は避ける）

ポイント

早めスタートのメリット

飲む時間を変えるだけで、翌日の早起き＆日中のパフォーマンスを保ちやすい。帰宅も早いので、翌日へのダメージを最小限に抑えられる。

就寝が遅くなったら起床時間をスライドする

もし通常の時間帯に飲むことになり、帰宅が深夜近くなるなら、翌朝の起床を変更してリカバリーをはかる。睡眠不足でパフォーマンスを落とすより、多少遅めに起きたほうが結果的に生産性が高まる場合が多い。

ストレスをためないことが継続のカギ

「早起きのために一切飲み会へ行かない！」と我慢し続けるとストレスがたまり、結果として長続きしない。逆に少しの工夫で「飲み会も早起きも両立可能」と思えれば、早起き生活をより気楽に継続できる。

6 ふだん朝4時起きなら、寝坊してもまだ6時

早起きを習慣とする私でも、ときにはガッツリ寝坊してしまうこともあります。

ただ、ふだんから朝4時起き生活なので、寝坊してもまだ朝6時台だったりします。

いつも朝7時や8時に起きている人にとっては、6時に起きられただけでも充実感を得られるでしょう。

そういう意味で、寝坊してもまだ6時台というのは、ちょっと得した気分にすらなります。

早起きを志すようになると、どこか「二度寝をすること」が悪いことのように思えてしまうかもしれませんが、決してそんなことはありません。

たとえば、**朝5時に起きようとしていたのに、目覚ましのアラームが鳴ってから「あと10分……」と二度寝を5回繰り返しても、まだ6時前です。**

さんざん二度寝を繰り返したのに、それでも立派な早起きだと思いませんか？

このように、少しだけ発想を変えることで、早起きのハードルがもっと低くなるのではないでしょうか。

「寝坊しても早起きになれるんだったら」と、いっそ朝4時起きや5時起きに挑戦してみてみる価値は大いにあると思います。

7 早起きできない日があっても気にしない

早起きを習慣にするからといって、毎日欠かさず早起きしなければならないわけではありません。

特に真面目な人ほど、「毎日必ず早起きしないといけない」と思いがちですが、決してそんなことはないのです。

◆「週4日」の早起きのすすめ

私のおすすめは、週4日早起きをすることです。

早起きに限らず、**週4日以上やれば習慣として定着する**ことが研究で明らかになっています。

何よりも、**週4日だけ早起きするということは、逆をいえば3日は遅くまで寝ていてもいいということ。**

そう考えると、どこか早起き生活にも取り組みやすくなるのではないでしょうか。

たとえば、私は体調が優れず「ちょっと疲れがたまっているな」と感じた日は、あえて目覚ましのアラームをセットしないで寝るときもあります。

そんな日は、意図的に早起きすることなく、十分すぎるほどの睡眠をとって身体を休めるようにしています。

◆自分の「パフォーマンス」を優先する

疲れた心と身体にムチを打って、どうにかこうにか連日早起きし続けるよりも、しっかり休息をとるほうが長い目でみれば早起き生活が長続きします。何よりも、自分のパフォーマンスを発揮しやすいはずですし、それが一番大事なことです。

同じような観点から、**必ず同じ時間に起きるのではなく、時には30分以上遅くアラームをセットして意識的にゆっくりした朝を過ごしてみるのもおすすめ**です。

私が毎朝4時起きを基本としているのも、それが自分にとって一番パフォーマンスを発揮できるとわかっているからですし、明日は4時起きだとキツいなと思えば、柔軟に変更します。

朝何時起きを基本とするのか「自分の型」をもちつつも、そのときの心と身体の状態にあわせて起床時間をうまくセルフコントロールする。そんな視点をもつことが、早起き生活を無理なく長続きさせる秘訣となります。

早起きチャレンジ週間表

月	火	水	木	金	土	日
○ 4:50	○ 5:00	× 7:00	○ 5:10	○ 5:30	× 7:30	× 8:00

１週間で４回○なら合格と考えよう！

ポイント

１週間で４回早起きできれば「合格」とする

１週間で３回は早起きできなくても「合格」とする

心身の状態に合わせて起床時間は柔軟に変更する

第４章
まとめ

- 早起きできなくなっても、再度戻ってこれれば大丈夫。

- 何時に起きても、眠いときは眠い。「せーの！」でガバッと起きるのがコツ。ツラいときも昼寝を頼りにして二度寝の誘惑を断とう。

- 早起きを妨害する誘惑を遠ざけるために「やらないことリスト」を作る。何かをやるには、何かを犠牲にすることが必要。

- 「ルーティンチェック表」で自分の頑張りを見える化してモチベーションにする。

- 飲み会やお酒の誘惑と賢く付き合う。ただし、無理な禁酒はせず、楽しみながら早起きと両立を。

- 「寝坊をしてもまだ６時台！」が早起きのメリット。

- まずは週４日早起きできれば合格と考えよう。

Column

飲み会の「二次会」をきっぱり断るヒント

本文でも触れたように、早起き生活を継続していくためには、周囲の人を不快にしないような二次会(飲み会)の上手な断り方を身につけておく必要があります。

私の経験上、そのポイントは、〝角が立たない理由〟を考えることと、〝不参加の旨を伝えるタイミング〟の2点だと考えています。

まず1つめですが、例えば「自宅が遠いので」や「子供が待っているので」と言われて、気分を害する人はいないと思います。

このように、「本当は参加したいんだけど、残念ながら帰らなければならない」というニュアンスの理由を伝えることによって、周囲との人間関係を悪くすることなく帰路につくことができます。

私の場合は、「明日も朝が早いので……」と正直に伝えることがほとんどです。早起き生活をしている私としては嘘ではないので、特に抵抗はありません。

また、それらの理由を伝えるタイミングも重要です。

ベストなのは一次会が始まる前から「今日は二次会には参加できない」ということを幹事役に伝えておくことです。そうすることでソワソワしながら一次会を過ごさずに済みますし、一次会の終了とともにスッと帰りやすくもなります。

事前に伝えることができない場合は、お会計をしているときやトイレで席を立ったときなど、幹事役がひとりになったタイミングが狙い目です。みんながゾロゾロと一次会の店を出始めた頃合いでそっと耳打ちするのもよいでしょう。

周囲との人間関係にヒビが入ってしまうことを懸念して、しぶしぶ二次会に参加するような人が今の時代でもいると聞きますが、基本的なスタンスとして「嫌われてもいい」と割り切るべきでないか、と個人的には思っています。

むしろ二次会に行かないことで嫌われるぐらいなら、そんな人間関係は端から必要なく、早起きの習慣を継続することのほうがよっぽど恩恵を受けられるでしょう。

最後に念のためですが、私は決して飲み会の二次会に参加することを否定しているわけではありません。早起き生活を継続していくうえでは、お酒の場との上手な付き合い方が必要だということを述べているに過ぎません。

本文で触れた通り、そもそも私はお酒好きのため、張り切って二次会に足を向けることもしばしばです。

第5章

貴重な朝の時間をフル活用する

1 2つ以上の行動をセットにする

仕事や物事の進め方には大きく2つの種類があります。複数のタスクを同時進行、または短時間で切り替えながらこなす「マルチタスク」と、1つのタスクに集中して取り組む「シングルタスク」です。

同時進行ができる分、マルチタスクのほうが効率的に思われがちですが、実際は1つの作業に集中するほうが生産性を高めやすく、ミスも防ぎやすいとされています。私自身も、基本的には**シングルタスク推奨**の立場です。

◆マルチタスクで作業の効率化を

ただし、思考や判断をあまり伴わない単調な作業の場合は話が変わります。

たとえば、歯磨きのような行為は、その時間をほかの作業と同時進行にしやすい代表例です。

朝の時間は非常に貴重なので、**同時進行が可能な行動はセットにして、可処分時間（自由に使える時間）を最大限確保したい**ところです。

私の場合、歯磨きを単体で行うことはなく、必ず新聞の朝刊チェックと組み合わせるようにしています。こうすることで、新聞を読み込みすぎることなく、歯磨きも入念になるので一石二鳥です。おかげで10年以上虫歯知らずで過ごせていますし、もともと新聞を読む習慣がなかったのが自然と目を通せるようになりました。

ほかにも、次のようなセット行動を意識しています。

✓ニュース動画を聞き流しながら、洗顔や寝ぐせ直し、着替えなどの身支度をする
✓ストレッチをしながら、SNSをチェックする
✓朝食をとりながら、雑誌を流し読みする
✓ランニングをしながら、オーディオブックを聴く

繰り返しになりますが、朝の時間は極めて貴重です。

可能な行動はセットで行うなど、ちょっとした工夫で可処分時間を増やしてみてください。

あなたがセットにできそうな行動は、どんなものがあるでしょうか?

2 朝の身支度を効率化する

朝の可処分時間をできだけ多くするには、**身支度にかかる時間の短縮**も重要です。

たとえば、「今日は何を着ていこうかな」などと、朝になって着る服に迷うぐらいであれば、前日に着るものを決めておくようにしましょう。

朝食も、毎朝いちいち何を作ろうか考えていると時間がもったいないので、私の場合は「納豆ご飯＋味噌汁＋前日の残りもの」を基本パターンにしています。栄養面で考えても、これで十分です。

また、私は髪の毛のスタイリングに時間をかけたくないので、3週間に1度という比較的短めの頻度で美容室に行くようにしています。髪が伸びすぎると寝ぐせがつきやすく、スタイリングに手間取るのが嫌だからです。

毎朝髭を剃るのが大変だという男性であれば、いっそのこと髭脱毛してしまうのもありでしょう。もちろん費用がかかってしまいますが、毎朝の時間を短縮できると考えれば、かなり有効な投資だと思います。

同じようにメイクに時間がかかるという女性の場合なら、まつ毛パーマをかけるなど、工夫の余地はいくらでもありそうです。

こうした工夫と投資によって、朝の時間をさらに効率化できないか、ぜひ考えてみてください。

3 朝専用のサードプレイスをもつ

◆通勤電車を有効活用

私は会社員時代、朝6時過ぎには自宅を出て、7時前には会社近くの早朝から営業している喫茶店で朝時間を過ごしていました。

私のような都心に住む人間にとって、朝早く家を出ることの最大のメリットは**満員電車に乗らなくて済む**ことです。

リモートワークが浸透したとはいえ、今もなお出勤が求められているという方は多いでしょう。

満員電車は必要以上に移動のためのエネルギーを奪われるだけでなく、精神的にもイライラした状態から1日の仕事をスタートさせることになるので悪いことずくめです。

しかし、朝早く自宅を出れば電車は空いていて、路線によっては座ることもできます。

座ることができれば、**読書や勉強をするなど移動時間をより有効活用できる**ようになりますので一石二鳥です。

◆サードプレイスで朝時間を過ごすメリット

私は、空いている電車で通勤し、早朝から営業している行きつけのカフェやファミレスといった**「朝専用のサードプレイス（自宅、学校、職場とは別の居場所）」を活用する**ことをおすすめしています。

こういったお店で朝時間を過ごすメリットは、周囲に適度な雑音があるのでかえって集中しやすくなる点にあります。

また、朝早い時間帯だと、思いのほか勉強している人が多かったりしますので、そのような人たちにどこか勇気づけられたりもします。

人によっては、自宅よりもお店で勉強や作業をするほうが集中できて、インスピレーションを得やすいといったこともあるでしょう。

朝の時間を過ごすときの選択肢として、自分なりのサードプレイスを開拓してみてはいかがでしょうか。

4 午前中はクリエイティブな仕事にあてる

よく**「朝の1時間は夜の3時間に匹敵する」**と言われますが、長いこと朝型生活をしてきた私の実感としても納得するところがあります。

脳科学や睡眠医学からすると、人は眠っている間に前日の記憶を整理して戸棚にしまい込む働きをしているとされています。

「朝起きたときが、1日のなかで一番頭がスッキリしている時間帯」と言われるのはそのためです。

◆「午前中」を長くする工夫

こうしたことを踏まえると、**早朝から昼にかけての午前中は、企画やアイディ**

アを練るなどクリエイティブな作業に最適だと考えています。

第1章でも述べたように、私は執筆や企画立案、資料作成など頭を使う仕事を中心にスケジューリングしている理由はここにあります。

そのため、SNSのチェックや投稿といった行動はなるべくこの時間帯に行わないようにするなど、生産性の高い午前中の時間帯に何をもってくるべきかを常に強く意識しています。

また、ひとつの工夫として、昼食は一般的なランチタイムからは少し遅めの13時過ぎにとるようにしています。

これは単にお店の混雑を避けるためだけでなく、**眠気が襲ってくる昼食後の時間をできるだけ遅らせる**ことで、午前中のクリエイティブな時間を長めに確保したいからでもあります。

仮に1時間お昼休憩をとったとして、14時ごろからもうあと1~2時間業務を頑張って、その日の仕事は終わり。こんな流れが私の1日の典型パターンです。

◆仕事は、起床後12～13時間をめどにする

厚生労働省は『健康づくりのための睡眠指針』によると、**人間が十分に覚醒して作業を行うことができるのは、起床後12～13時間程度が限界であり、起床後17時間以上では、酒気帯び運転と同程度の作業能率に低下する**と発表しています。

朝4時台から活動している私の場合であれば、夕方17時ごろまでが限界ラインであると考えると、ちょうどいい切り上げ時だと思っています。

ぜひ午前中にはクリエイティブな仕事を入れるよう、あなたのスケジューリングにも取り入れてみてください。

十分に覚醒して作業できる時間

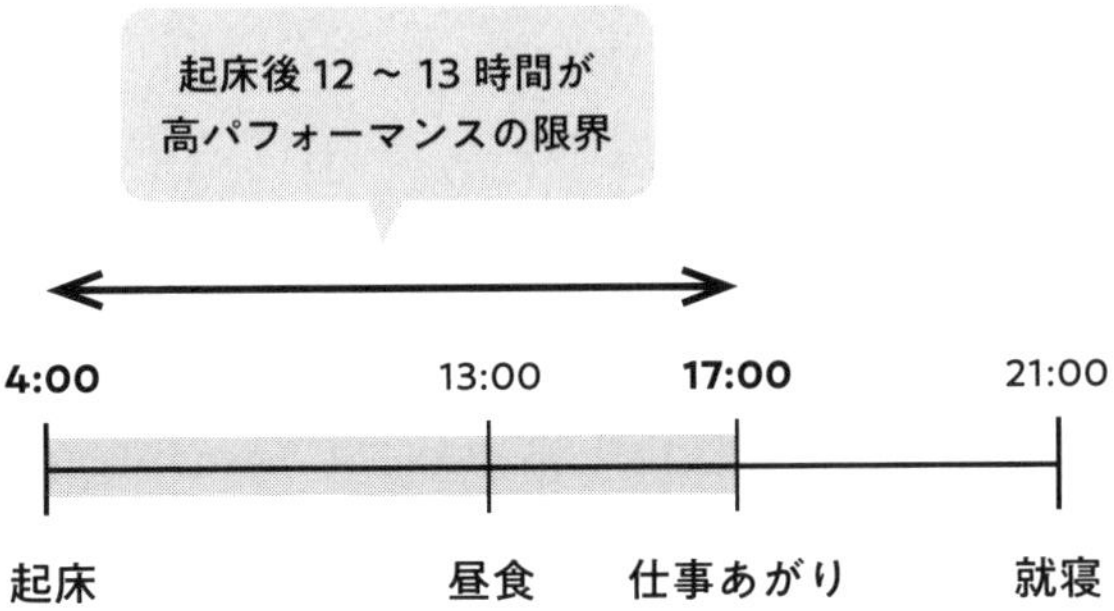

4時起床なら、十分に覚醒して
作業できるのは17時まで！

（5時起床なら→18時まで）
（6時起床なら→19時まで）

5 早朝ほど「読書」に適した時間はない

◆読書が最強の自己投資

私は、**読書ほど費用対効果の高い自己投資はない**と思っています。

ビジネス書であれば、おおむね1冊1500円から2000円前後です。この程度の投資額で著者のもっている知識や経験を学べるのですから、こんなに安い自己投資はほかにありません。

ちなみに、私が20歳のときに読んで、自分に多大なる影響を与えた本の値段は1390円でした。たったこれだけの投資で、自分の人生を大きく変えてしまう可能性を秘めているということです。

自分の勘や考えだけで生きていこうとするよりも、**読書によって先人の知恵**

や経験を取り入れながら生きていくことのほうが、人生をより豊かにしやすいことは自明です。

そのようなことから「読書は最高の自己投資である」という考えのもと、私は多いときで年間200冊ほどの本を読み、そこで得た学びをビジネスや私生活に活かすようにしています。

それもあってか、「多忙なのに、一体いつ本を読んでいるんですか？」と聞かれることが非常に多いのですが、その質問への返答としては、やはり「朝です」ということになります。

◆読書は夢活と一番相性がいい

早朝はインプットに適した時間帯です。

そのため、モーニングルーティンである**「夢活」の中のひとつとして、読書を加えることを強くおすすめしています。**

頭がさえた時間帯での読書であることから、ただ本を読み進めるだけでなく、何か新しい発想やアイディアがひらめくケースもしばしばあります。

1日30分、それが難しいなら15分だけでも構いません。

短い時間だけであっても、毎朝インプットするという習慣が、今後のあなたに大きな変化をもたらすことでしょう。

なお、ただ本を読んで終わりにすることなく、読書を血肉にするための方法については、拙著『メモで自分を動かす全技術』（明日香出版社）の中で詳しく紹介していますので、そちらもあわせてご覧ください。

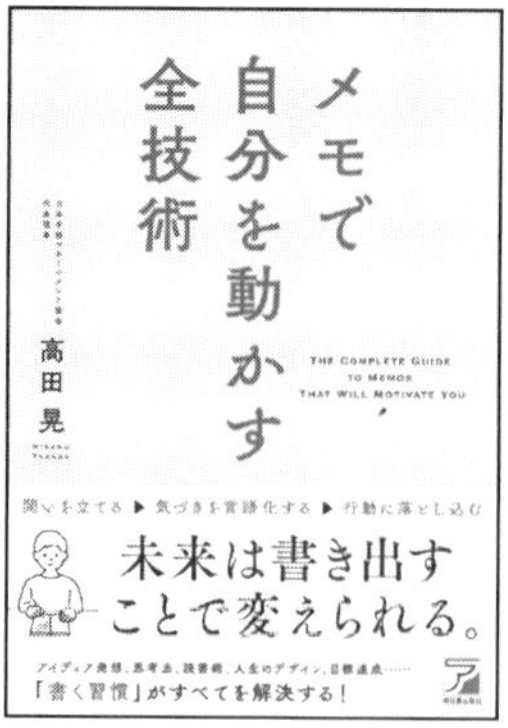

『メモで自分を動かす全技術』
（明日香出版社）

6

年末年始の朝時間の使い方

1年を締めくくり、新たな年がスタートする年末年始の数日間には、この時期ならではの特別な朝時間があります。

それは、**「1年間の振り返り」**と**「翌年の計画立て」**です。

第3章で紹介した週末ルーティンと似たような取り組みにはなりますが、年の節目という大事なタイミングで実施するため、その内容はかなり多岐にわたります。

◆新しい年のスタートダッシュを決めるルーティン

私の場合は、年末年始休暇が始まってから大晦日までの2〜3日と、年が明けてから三が日が終わるまでの3日を加えた合計5〜6日間の早朝をじっくり使って取り組むのが毎年のルーティンとなっています。

自宅の書斎で取り組む場合もありますが、近所のカフェやファミレスにこもって取りかかることのほうが多いです。

具体的に取り組む内容は、主に次の通りです。

これらのタスクにしっかり取り組めたかどうかで、新しい年のスタートダッシュがまったく違ったものになります。

- ✓ 直近1年間の評価と振り返り
- ✓ 人生理念（ミッション、ビジョン、価値観）の見直し・アップデート
- ✓ 翌年の「年間目標」の作成
- ✓ 翌年の「行動計画」の作成
- ✓ 第一四半期（1～3月）の3カ月計画の作成
- ✓ 1月の月間目標・行動計画の作成

年末年始は、テレビの特番や年越しライブなどで夜更かししがちですが、この時期こそ早起きをしたいところです。

心を新たにできる年の節目だからこそ、**新しい1年を飛躍の年とするための仕込み**にじっくり時間を使ってみてください。

朝の１時間は夜の３時間に匹敵する。

早朝から午前中の時間は、企画やアイディア出しなど、クリエイティブな作業に適している。

昼食の時間を13時過ぎにして「午前中」を長くとる。お店の混雑を避けることができるほか、空腹が満たされて集中力が落ちる午後の時間を遅らせる作戦。

人間が十分に覚醒して作業を行うことができるのは、起床後12～13時間程度が限界。

読書ほど費用対効果の高い自己投資はない。モーニングルーティンの「夢活」に読書を組み込もう。１日15分だけでも読書時間をとるのがポイント。

年末年始の朝時間はとりわけ大切。「１年間の振り返り」と「翌年の計画立て」にじっくり時間を割こう。

第5章
まとめ

- 「シングルタスク」が基本。ひとつの作業に集中するほうが生産性を高めやすく、ミスも防ぎやすい。

- 朝の時間は「マルチタスク」で作業の効率化を。歯磨きをしながら新聞を読んだり、ランニングをしながらオーディオブックを聴いたり、思考や判断を伴わない単調な作業をセットにするのがポイント。

- 朝の身支度も効率化を。着ていく服を前日に用意しておいたり、朝食をパターン化したりする。美容面にお金をかけるのもひとつの手。

- 通勤時間を有効活用するために、満員電車を避ける方法を考えよう。座って移動することで心身の消耗を防ぎ、移動時間を読書や勉強の時間にできれば一石二鳥。

- 「朝専用のサードプレス（自宅、学校、職場とは別の居場所）」をもとう。朝のカフェやファミレスでは適度な雑音があって集中しやすく、読書や勉強をしている人もいて刺激をもらうことができる。

Column

10才の息子が「早起き習慣」で獲得したもの

親の私に似たのか、うちの長男も早起きです。
サッカー少年である彼は、朝5時半には自分で起床し、入念なストレッチと着替えを済ませたうえで、6時にはサッカーの〝朝練〟をするために近所の公園へと向かっていきます。まだ辺りが暗い真冬であってもです。

その朝練の甲斐あってか、息子のサッカーの実力はみるみる上達していきました。もちろん、そのすべてが朝練だけによる効果ではありませんが、親の私からみて彼が獲得したものは、サッカーの技術ではないと捉えています。

彼が得たものは、早朝の時間を使って何かにコツコツ励めば、やがて大きなことにつながるという〝成功体験〟です。

今の時代、子供であっても学校や習い事、宿題などで大人顔負けに多忙です。しかし、たとえ毎日が忙しくても、「早起きさえすればやりたいことができる」ということを、10才にして自らの経験から学び取ったのです。

そんな彼も、毎日欠かさず朝5時半に起きているかといえば、そうではありません。

その日その日の状況や体のコンディションによって、ときに早起きしないようにしたりと、柔軟な姿勢で早起き習慣と付き合ってもらうようにしています。まだまだ発育盛りの年齢である息子にとって、十分な睡眠をとることが極めて重要だからです。

早起きは目的ではなく、あくまで手段。

10才にして、そんな本質さえも理解してくれているのかもしれません。

おわりに　～早起きを習慣化して、人生の主導権を握る

この本で私が伝えたかったことは、**早朝を活用することで「やりたいこと」を実現していくことができる**ということです。

現代を生きる私たちは誰しもが忙しいため、自分の人生を自分でコントロールすることができない「受け身の状態」になってしまいがちです。忙しい毎日を過ごしていると、目の前の「やらなければいけないこと」に翻弄され、気づくと自分の「やりたいこと」がどんどん置き去りになってしまい、人生の手綱を手放してしまうことになります。

本来、自分の人生は、自分自身が主人公であるはずだと思いながらも、モヤモヤを抱えて生活することになるのです。

その状況を打破するのが早起きであり、**自分の人生の主導権を自ら握る**というのが早起きを習慣化することの本質だと思っています。

あなたが朝早く起きて活動するという生活習慣を身につけたとき、周囲に振り回されているという感覚は消え、自分の目指す姿へと着実に近づいているという手応えをもてるようになることでしょう。

1日1日を丁寧に過ごせるようになり、毎日の質が上がるから「やりたいこと」もやれるようになるという善循環に突入します。

そのための具体的な方法論は、本書を通じてお伝えしました。
あとは、あなたが行動してみるだけです。
世の中、いつだって行動したもの勝ち。

本書をきっかけに、これまでより少しばかり早く起きる習慣を身につけ、自己変革のスタートを切る人が増えることを心より祈っています。

2025年3月

高田　晃

参考文献

◆書籍

『成功は一日で捨て去れ』（柳井 正／新潮社）
『金儲け哲学』（糸山 英太郎／かんき出版）
『週末起業チュートリアル』（藤井 孝一／ちくま新書）
『最強の昼寝法「スーパーパワーナップ」〜日本人の睡眠処方箋〜』（遠藤 拓郎／扶桑社）
『今さら聞けない 睡眠の超基本』（柳沢 正史／朝日新聞出版）
『フランクリン自伝』（ベンジャミン・フランクリン／中央公論新社）
『決定版 手帳で夢をかなえる全技術』（高田 晃／明日香出版社）

◆Webメディア

『excite ニュース』

世界的な成功者から学ぶ、朝早く起きるメリットとは？

https://www.excite.co.jp/news/article/CocokaraNext_18571/

『リクナビ NEXT ジャーナル』
もう遅刻しない！今度こそ早起きできる方法と、習慣化させるコツ
https://next.rikunabi.com/journal/20160923_m1/

『プレジデント・オンライン』

村上春樹も実践、在宅ワークが劇的にはかどる「奇跡の朝ルーティン」

https://president.jp/articles/-/39770?page=1

『ライブドア・ニュース』
経営者も実践する「休日の朝時間」の有意義な過ごし方
https://news.livedoor.com/article/detail/10564379/

◆その他

『健康づくりのための睡眠ガイド 2023』（厚生労働省）
『健康づくりのための睡眠指針 2014』（厚生労働省）

＼ 人生を変える ／
早起きテクニック10選

書き下ろし原稿（PDF）を無料で進呈！

書籍の中で紹介しきれなかった
早起きを習慣化するためのテクニック集を
厳選してお届けします。

下記の QR コードから
LINE 登録をして取得してください!!

本書の LINE 公式アカウントに遷移します

著者
高田晃（たかだ・ひかる）

一般社団法人 日本手帳マネージメント協会　代表理事
株式会社ラグランジュポイント　代表取締役社長

専修大学を卒業後、2006年インターネット広告最大手（株）オプトに入社。その後、営業マネージャーやグループ会社の立ち上げを経て、2013年に独立。

マーケティングコンサルタントとして中小企業支援に従事する他、商工会議所など全国各地の各種団体で年間100回以上の登壇数を誇る人気セミナー講師としても活動する。

また、2019年からは「手帳で人生をデザインする」を標語として掲げ、キャリア形成・独立起業・習慣化・自己改革など、手帳によって人生を設計してきた約20年にわたる自らの経験をベースに、その方法論をコーチングやセミナーを通じて発信。マンツーマンで実施するコーチングは、受付開始1時間で満枠になってしまうほどの人気を得ている。

著書に『メモで自分を動かす全技術』『夢をかなえるライフデザイン手帳』（以上、明日香出版社）、『小さな会社 ネット集客の鉄則』（クロスメディア・パブリッシング）、『ネット集客のやさしい教科書。小さな会社がゼロから最短で成果をあげる実践的Webマーケティング』（エムディーエヌコーポレーション）などがある。

趣味のサーフィンでは、毎年大会に出場する競技者としての顔をもつ一方、少年サッカーコーチとしても精力的に活動。公私にわたって全力投球なライフスタイルを送る3児の父である。

大手前大学 通信教育部非常勤講師。日本プレゼンテーション協会（JPA）認定プレゼンター。YouTubeチャンネル「手帳の強化書」で、手帳術に関する情報を発信中。

とにかく早起き　自分を変える一番大事な習慣力
2025年3月15日 初版発行
2025年7月18日 第17刷発行

著者　高田晃
発行者　石野栄一
発行　明日香出版社
〒112-0005 東京都文京区水道2-11-5
電話 03-5395-7650
https://www.asuka-g.co.jp
装丁・本文制作　石山沙蘭
印刷・製本　シナノ印刷株式会社

ISBN 978-4-7569-2377-6